Puzzles for
Mindfulness

A wonderful collection
to help you unwind

This edition published in 2023 by Arcturus Publishing Limited
26/27 Bickels Yard, 151–153 Bermondsey Street,
London SE1 3HA

Copyright © Arcturus Holdings Limited
Puzzles by Puzzle Press

AD005911NT

Printed in the UK

CONTENTS

Introduction

Mindfulness is a choice. Our choice. To focus our attention on this moment, here and now.

It sounds simple, but it can be hard. Our mind wanders, and we are easily distracted. The past throws its shadows, the future is uncertain, and before we know it, our thoughts have led us away from here, from now.

Mindfulness admits as much, and then reminds us that at any point we can return ourselves to now.

Research has shown that the ability to live in the present enhances our sense of well-being. Focusing our attention enables us to be more creative, more efficient, and much less stressed.

> **"The present moment is filled with joy and happiness. If you are attentive, you will see it."**
>
> *Thich Nhat Hanh*

Puzzling for mindfulness

Puzzles are a great way of developing mindfulness. Give each puzzle your full attention, and troublesome thoughts will struggle to distract you. Enjoy concentrating on the puzzles, finding your way to the solution.

This collection contains a wide variety of puzzles. Some are of a type you may already know; others may be unfamiliar. Try them all. Getting to grips with a new task, trying one approach and then another as you reach for the solution, inevitably keeps you in the present.

The puzzles include all the information you need to complete them, so if the solution seems far away, take that opportunity to observe your own frustration. Part of mindfulness is about observing your emotions, and then choosing your response.

As the filmmaker David Lynch once said: "Keep your eye on the doughnut, not the hole."

> "Always hold fast to the present. Every situation, indeed every moment, is of infinite value, for it is the representative of a whole eternity."
>
> *Goethe*

Making the most of mindful puzzling

The point is, reality is not just about what happens; it is also about what we *think* happens. Mindfulness reminds us that we are in charge of our thoughts. It reminds us too that there is a solution.

Before you start solving the puzzles, here is a breathing exercise to help bring you a sense of calm.

Focus on your breathing. Feel your chest expand with each in breath, and fall with each out breath. Is your breathing fast or slow? Notice the pattern. For the next minute, give your breathing your attention.

When you are ready to turn to the puzzles, make sure you are comfortable. As you set about each one, try to breathe mindfully. And when you find the solution, embrace the moment.

That satisfaction will help you prepare for the puzzle on the next page, or the next task in your day. By improving concentration, mindfulness improves our memory and our understanding. It also undermines our self-doubt.

So make time for these puzzles, and make time for yourself.

This moment belongs to you. Enjoy!

We hope you enjoy the puzzles in this book, and that they help you to achieve a mindful and relaxed state.

> "Yesterday I was clever,
> so I wanted to change the world.
> Today I am wise, so I am changing myself."
>
> *Rumi*

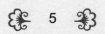

1   Maze

Start at the top and find a path to the middle of the maze.

"Each morning when I open my eyes
I say to myself: I, not events, have the
power to make me happy or unhappy today.
I can choose which it shall be. Yesterday is
dead, tomorrow hasn't arrived yet. I have just
one day, and I'm going to be happy in it."

Groucho Marx

2   **Wordsearch: Harvest Time**

Can you find all of the listed words hidden in the grid below?
Words run horizontally, vertically or diagonally, in either a forward or
backward direction.

```
A W Y Z E N I H S N U S G
O S E V R E S E R P I R F
B U I U G Q H P H L E N L
O E M B N A Z B O D I S G
U L E U I M V Q I R T T R
S D H T L H V C M A C C J
T N P M I U E U O X E M Y
L U D W O S G G K X D T O
H B P U T K E E R A H S I
W R H U Q G T O P A O E Y
U T J R I E A S T C P D E
D R Y I N G B O C A S E K
D I E K O R L G D L M I S
R Y G D E H E N W B T O F
R D L H Z D S X T B F P T
```

BEET   HERBS   SHARE
BUNDLE   HOPS   SILO
CIDER   HUSK   SUNSHINE
CROPS   OATS   TOILING
DRYING   PRESERVES   TOMATOES
GRAPES   RYE   VEGETABLES

"Don't believe everything
you think. Thoughts are
just that—thoughts."

Allan Lokos

3   Arroword

Solve the clues, then enter each answer in the direction of the arrows, one letter per square. When completed, the letters in shaded squares can be rearranged to form another word.

Variety of citrus fruit		Made of clay	Bare		Of a female		On purpose	Armada
Unit of heredity					Brownie			
Stan ___, film partner of Oliver Hardy							Embrace	
				Frequent	Decorate with frosting			
Avian creature	Based on sound reasoning or evidence							
Idealists	Revolve		Deed		Feed			
								Beeps, as with a horn
Erstwhile					Fitting			
Courtyard		Canter					Word of surprise	
					Inflated pride			
Vegetables		Opening that permits escape or release						
					Affirmative word			

4   **Sudoku**

Place one of the numbers from 1 to 9 into every empty cell so that each row, each column and each 3x3 block contains all the numbers from 1 to 9.

		5				2	7	
7		3	5	1			4	
	1		7		2		8	
			3	5		4		9
1			8		9			3
2		9		6	7			
	4		9		3		1	
	9			4	6	5		7
	6	2				8		

"To think in terms of either pessimism or optimism oversimplifies the truth. The problem is to see reality as it is."

Thich Nhat Hanh

5   Codeword

Every letter in this puzzle has been replaced by a number, the number remaining the same for that letter wherever it occurs. Every letter of the alphabet has been used. Substitute numbers for letters to complete the codeword.

It may help to cross off the letters beneath the grid to keep a track of progress, and to use the reference box showing which numbers have been decoded. Three letters have already been entered into the grid, to help you on your way.

3	8	17	6	11	2	■	19	10	23	20	10	23	9	8
24	■	22	■	20	■	22	■	8	■	2	■	24		
4	10	9	10	18	16	23	2	■	16	23	3	2	12	6
5	■	9	■	6	■	10	16	22	■	20	■	17		
8	8	18	2	■	16	23	15	■	10	20	22	16	19	6
■	1	■	20	■	8	■	21	2	6	■	23	■	10	
2	23	13	21	16	23	9	■	25	2	25	25	2	22	21
26	■	16	■	11	■	10	1	2	■	2	■	17	■	2
7	24	2	11	11	2	20	■	2	11	10	25	17	2	20
24	■	1	■	10	17	14	■	8	■	2	■	11		
16	4	25	10	16	22	■	10	23	21	■	6	10	4	25 (P)
17	■	8	■	11	8	1	■	10	■	24	■	10 (A)		
16	20	16	8	12	21	■	17	16	11	2	23	12	2	22 (R)
6	■	23	■	10	■	2	■	6	■	16	■	6		
2	26	6	2	22	16	8	22	■	21	2	10	22	11	21

A B C D E F G H I J K L M

N O P Q R S T U V W X Y Z

1	2	3	4	5	6	7	8	9	10 A	11	12	13
14	15	16	17	18	19	20	21	22 R	23	24	25 P	26

6   Odd One Out

One of these islets is different from the others in some way. Which is the odd one out?

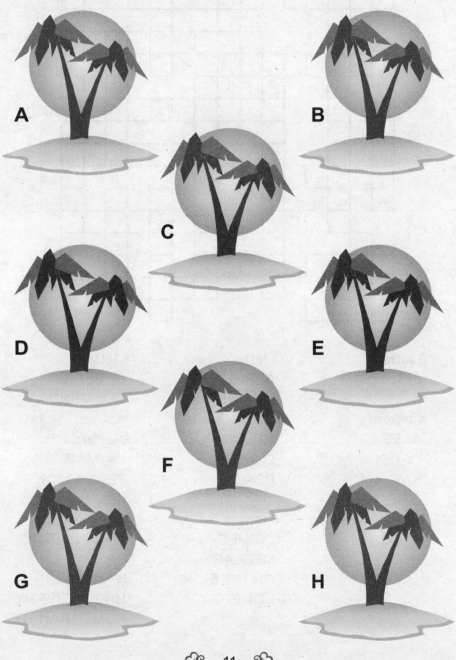

Criss Cross: Fruits

The words are provided, but can you fit them all into the grid?

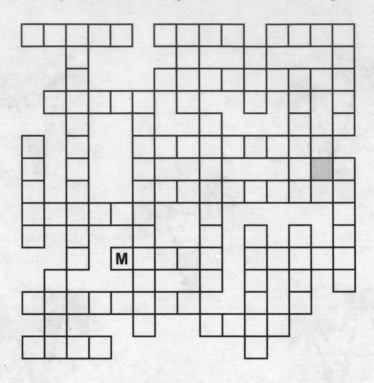

3 letters
FIG

4 letters
AKEE
DATE
KIWI
LIME
PEAR
PLUM
UGLI

5 letters
APPLE
LEMON
MANGO
MELON
OLIVE
PEACH

6 letters
LYCHEE
MEDLAR
ORANGE
POMELO

8 letters
BILBERRY
TAMARIND

9 letters
CARAMBOLA
PERSIMMON

10 letters
LOGANBERRY

11 letters
HUCKLEBERRY
POMEGRANATE

Wordsearch: Calm Down

Can you find all of the listed words hidden in the grid below?
Words run horizontally, vertically or diagonally, in either a forward or
backward direction.

R	U	P	R	E	L	I	C	N	O	C	E	R
R	S	R	T	I	Y	X	B	M	A	H	E	N
A	E	O	H	E	I	M	T	X	H	D	F	E
A	K	P	Y	S	M	A	Y	F	U	H	S	S
S	T	I	O	A	U	P	A	C	T	S	T	S
K	B	T	M	S	L	H	E	D	Z	I	E	E
X	L	I	M	A	E	L	T	R	L	N	O	L
W	P	A	X	B	E	N	A	L	X	I	G	H
E	J	T	T	A	E	F	G	X	E	M	G	E
X	S	E	G	T	B	O	I	L	W	I	U	P
T	Q	U	E	E	C	J	T	H	P	D	A	D
Z	E	I	F	J	B	T	I	D	B	B	T	G
Y	U	D	J	E	E	S	M	U	G	V	Z	V
Q	W	G	X	S	D	T	S	E	Q	T	V	U
S	T	E	A	D	Y	L	L	E	U	Q	D	L

ABATE	MITIGATE	REPOSE
ALLAY	PROPITIATE	SETTLE
DEFUSE	QUELL	STEADY
DIMINISH	QUIETEN	STILL
HUSH	RECONCILE	SUBDUE
LESSEN	REDUCE	TEMPER

"Mindfulness is a way of befriending ourselves and our experience."

Jon Kabat-Zinn

9   Maze

Start at the top and find a path to the middle of the maze.

"The measure of the moral worth of a man is in his happiness. The better the man, the more happiness. Happiness is a synonym of well-being."

Bruce Lee

10   Pyragram

Every clue in this puzzle is an anagram leading to a single-word solution. Correctly solve the anagram on each level of the pyramid and another word will appear, reading down the central column.

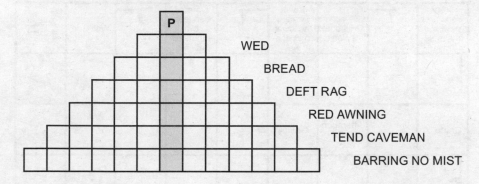

WED

BREAD

DEFT RAG

RED AWNING

TEND CAVEMAN

BARRING NO MIST

11   Word Wheel

How many words of three or more letters can you make from those in the wheel, without using plurals, abbreviations or proper nouns?

The central letter must appear once in every word and no letter in a section of the wheel may be used more than once.

There is at least one nine-letter word in the wheel.

Nine-letter word(s):

_____

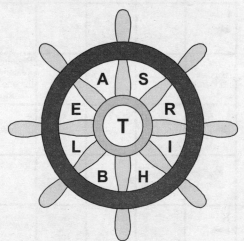

12   Arroword

Solve the clues, then enter each answer in the direction of the arrows, one letter per square. When completed, the letters in shaded squares can be rearranged to form another word.

Very wealthy or powerful business-man	▼	Live-action film about a piglet	Panel forming the lower part of a wall	▼	Combat between two mounted knights	▼	Withered	Athletic facility
└					▼		Melody	▼
Crude oil		Afternoon meal	Grubby ▶			▼		
└		▼						
Type of chart	Interprets words		Docile horse used for ordinary riding	Belonging to that man		Caress gently		Free
└	▼		▼	For every ▶		▼		▼
Round objects used in games		Assistant ▶					Behind	
└				Small amount ▶		▼		
Russian monarch		Imitate	Repetition of some-thing to be learned	▼	Broadcast		Divisions of a day (abbr)	
└		▼	Curse ▶			▼	▼	
Follow orders	More con-temptibly narrow in outlook ▶							
└				Makes a mistake ▶				

13 Sudoku

Place one of the numbers from 1 to 9 into every empty cell so that each row, each column and each 3x3 block contains all the numbers from 1 to 9.

	3	9		6	4			
5	4					6		8
7	1			9		2		
	2		5					4
9		5	7		8	3		1
1					9		6	
		3		7			1	9
6		8					3	2
			4	8		5	7	

"Look at other people and ask yourself if you are really seeing them, or just your thoughts about them."

Jon Kabat-Zinn

14   Codeword

Every letter in this puzzle has been replaced by a number, the number remaining the same for that letter wherever it occurs. Every letter of the alphabet has been used. Substitute numbers for letters to complete the codeword.

It may help to cross off the letters beneath the grid to keep a track of progress, and to use the reference box showing which numbers have been decoded. Three letters have already been entered into the grid, to help you on your way.

22	18	14	7	12	1	16	20	13	■	9	17	22	24	16
19	■	19	■	16	■	12	■	17	■	17	■	10	■	23
11	22	12	18	17	■	24	22	4	18	22	6	13	■	26
14	■	18	■	19	■	2	■	12	■	18	■	20	■	18
20	14	12	2	22	14	24	16	■	24	16	17	20 L	22 I	10 D
■	■	16	■	1	■	■	26	■	26	■	■	■	■	14
22	3	22	24	■	11	12	25	18	3	21	17	2	14	21
18	■	17	■	8	■	25	■	10	■	14	■	18	■	14
5	14	18	16	22	20	12	16	17	21	■	25	17	21	10
22	■	■	■	11	■	13	■	■	■	17	■	25	■	■
24	20	14	14	11	13	■	15	26	22	3	3	20	14	10
22	■	21	■	14	■	16	■	11	■	16	■	14	■	25
3	■	12	22	21	24	23	22	11	■	12	10	10	20	14
20	■	24	■	14	■	22	■	14	■	22	■	4	■	20
14	19	14	18	10	■	24	16	21	22	18	4	14	18	16

A B C D E F G H I J K L M

N O P Q R S T U V W X Y Z

1	2	3	4	5	6	7	8	9	10 D	11	12	13
14	15	16	17	18	19	20 L	21	22 I	23	24	25	26

15 Wordsearch: Bright

Can you find all of the listed words hidden in the grid below?
Words run horizontally, vertically or diagonally, in either a forward or backward direction.

G	N	I	R	E	M	M	I	H	S	G	D	I
E	A	T	O	L	S	E	S	Y	L	M	L	G
G	N	L	N	T	E	U	Q	E	R	L	Q	Z
N	K	G	A	E	N	F	A	L	U	L	C	M
I	W	D	N	N	D	M	I	M	R	I	X	E
W	X	I	Y	I	I	N	I	E	G	M	P	S
O	X	V	J	N	N	N	E	N	R	C	S	N
L	X	I	G	V	A	I	I	L	H	Y	F	E
G	K	V	W	T	S	L	H	E	P	B	J	T
L	P	J	E	T	Z	P	E	S	G	S	H	N
E	U	D	A	Z	D	R	E	A	K	Z	E	I
H	S	R	A	H	F	J	R	J	C	Z	R	R
J	K	D	I	U	K	I	H	A	D	X	F	P
W	D	Q	L	D	S	G	N	I	Z	A	L	B
A	Q	N	J	H	R	A	E	L	C	E	H	V

BLAZING	GLEAMING	RESPLENDENT
CHEERFUL	GLOWING	SHIMMERING
CLEAR	HARSH	SHINING
DAZZLING	ILLUMINATED	STARK
FIERY	INTENSE	SUNNY
GARISH	LURID	VIVID

 "Open the window of your mind.
Allow the fresh air, new lights
and new truths to enter."

Amit Ray

Criss Cross: Summer

The words are provided, but can you fit them all into the grid?

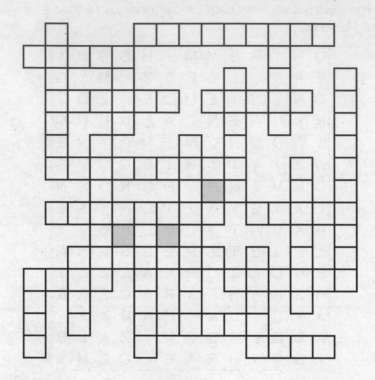

4 letters
JULY
JUNE
PLAY
SAND
TENT

5 letters
BEACH
LAGER
ROSES
WASPS
YACHT

6 letters
GARDEN
POLLEN
TENNIS
WARMTH

7 letters
DAY TRIP
HOLIDAY
MEADOWS
PARASOL
SEASIDE

8 letters
SWIMMING

9 letters
LAWNMOWER
PROMENADE
SEASHELLS

10 letters
DAISY CHAIN

17   Flower Power

Fit the listed words into the grid below, then rearrange the letters in the shaded squares to form another word.

3 letters	4 letters		5 letters	
AGO	AREA	MAZE	ALIVE	LAPSE
ARC	BALE	MOSS	ARSON	RIGHT
BET	BLOW	ROAD	BASIS	SHIRT
EGG	CRAB	TEAM	BEAST	SWAMP
LIT	DEBT	THAN	BEING	TITHE
MET	FAIL	TORE	GLASS	TRESS
PIE				
SPA				

"You are the sky. Everything else is just the weather."

Pema Chodron

18   Maze

Start at the top and find a path to the middle of the maze.

"The important thing is to realize that no matter what people's opinions may be, they're only just that—people's opinions. You have to believe in your heart what you know to be true about yourself. And let that be that."

Mary J. Blige

19   Sudoku

Place one of the numbers from 1 to 9 into every empty cell so that
each row, each column and each 3x3 block contains all the numbers
from 1 to 9.

1		4						6
		2		7	4		9	3
		7	2		8	5		
2	1			4	9			
	5		6		2		8	
			8	3			2	7
		5	9		1	6		
8	9		3	5		7		
3						9		1

"Everything that has a
beginning has an ending.
Make your peace with that
and all will be well."

Jack Kornfield

20   Arroword

Solve the clues, then enter each answer in the direction of the arrows, one letter per square. When completed, the letters in shaded squares can be rearranged to form another word.

Blood feud	▼	Platform	▼	Gesture	▼	At liberty —— Improve in quality	▼	Garland of flowers
►		▼						Wood nymph
Animal's line of descent —— Henpeck				Blyton, author —— Tidings	►			▼
Main meal of the day	►			▼			Informal con-versation	
►			Popular pub enter-tainment		Extremely cold	►	▼	
Affirmative word		Basic unit of money in Malawi	▼					
►					Owned	►		
Book of maps		Belonging to me		Cleaning implement	▼	Actor's portrayal of someone		Small green vegetables
Three-some	Army rank —— Equip	► ▼				▼	Went in advance of others	▼
┗	▼			Native of Warsaw, for example	►		▼	
Very dark, black —— 'S'-shaped moulding					Field suitable for grazing by livestock	►		
►				Marries	►			

21   Wordsearch: Jewels and Trinkets

Can you find all of the listed words hidden in the grid below?
Words run horizontally, vertically or diagonally, in either a forward or
backward direction.

```
B K J K U T Q O R E A D S
R Q T Q E J A C R K Q D O
E T P K O G R C H Z A G A
T T C E H N A O L E P J F
E O R C A I E Y B A W L N
L R O H O R O C V N S N G
E Q W O L Y L J K V T P R
C U N K G T N S Q L N K Y
A E S E I I M N O O A Y F
R D D R A N C E H P D C G
B W I H O R T E P H N B E
P H C A I E M I C Q E O M
E I X E D T M T A H P I X
J H L S R E A A L R M U R
R R A C S W M E C H A R M
```

BEADS	CLASP	NECKLACE
BRACELET	CLIP	PEARLS
CAMEO	CROWN	PENDANT
CHAIN	DIADEM	TIARA
CHARM	ETERNITY RING	TORQUE
CHOKER	LOCKET	WATCH

"If you dance daily, you shall expel any seed of distress in thy soul."

Lailah Gifty Akita

Codeword

Every letter in this puzzle has been replaced by a number, the number remaining the same for that letter wherever it occurs. Every letter of the alphabet has been used. Substitute numbers for letters to complete the codeword.

It may help to cross off the letters beneath the grid to keep a track of progress, and to use the reference box showing which numbers have been decoded. Three letters have already been entered into the grid, to help you on your way.

11	22	7	13	22	8	1	17	2		7		23		14
10			1		23		22		6	23	26	2	1	5
11	22	23	21	9	1	23	8	2		1		14		1
17			1		4			23	2	19	2	5	23	10
2	16	17	23	22	26	15	4	8		2		15		12
12			1		2			6	24	5		21		1
	21	6	4	20	22	2	11	17		10	2	1	11	17
11			26		23		1		9		12			2
17	6	14	1	25		8	10	23	1 A	17	15	4	8	
23		2		6	19	1		23 R		8				2
15		2		6		7	6	6	12 M	2	23	1	4	8
21	1	23	1	12	2	5		5		1				23
18		1		15		2	3	3	2	21	17	15	19	2
2	4	8	15	4	2		23		11		2			11
4		2		8		21	6	4	11	15	26	2	23	11

A B C D E F G H I J K L M

N O P Q R S T U V W X Y Z

| 1 A | 2 | 3 | 4 | 5 | 6 | 7 | 8 | 9 | 10 | 11 | 12 M | 13 |
| 14 | 15 | 16 | 17 | 18 | 19 | 20 | 21 | 22 | 23 R | 24 | 25 | 26 |

23   Jigsaw

Which four shapes (two black and two white) can be fitted together to form the graceful swan shown here? The pieces may be rotated, but not flipped over.

A

B

C

D

E

F

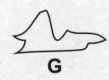

G

H

I

J

K

L

M

24   Criss Cross: Mindfulness

The words are provided, but can you fit them all into the grid?

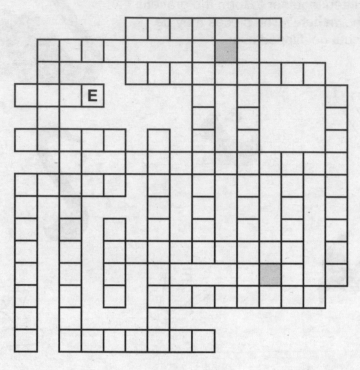

4 letters
CALM
CARE
SOUL

5 letters
FOCUS
PEACE
SPACE

7 letters
ESSENCE
INSIGHT
RESPECT

8 letters
FEELINGS
INFINITY

9 letters
AWAKENING
AWARENESS
OPENING UP

10 letters
ACCEPTANCE
MEDITATION
PERCEPTION

11 letters
PERSPECTIVE

13 letters
CONTEMPLA-
TION

25   Pyragram

Every clue in this puzzle is an anagram leading to a single-word solution. Correctly solve the anagram on each level of the pyramid and another word will appear, reading down the central column.

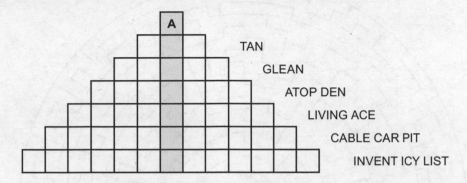

TAN

GLEAN

ATOP DEN

LIVING ACE

CABLE CAR PIT

INVENT ICY LIST

26   Word Ladder

Change one letter at a time (but not the position of any letter) to make a new word – and move from the word at the top of the ladder to the word at the bottom using the exact number of rungs provided.

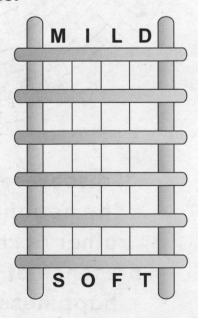

27   Maze

Start at the top and find a path to the middle of the maze.

"I discovered that joy is not the negation of pain, but rather acknowledging the presence of pain and feeling happiness in spite of it."

Lupita Nyong'o

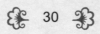

28   Wordsearch: Making Life Worth While

Can you find all of the underlined words from the poem "Making Life Worthwhile" by George Eliot hidden in the grid? Words run forward or backward, in either a horizontal, vertical, or diagonal direction.

```
U S P E G A T I R E H H E
E G N I N E K C I H T L E
E K O S T T N E E D I G A
O C A O T A L M K H E B G
L L A M D M L E W T R N T
H I B R A V E H F I I C H
T M F E G V T E G N I A G
I H L E G R S H E N U I U
A G C Q O P T K E J C S O
F A O W M E R D I R L K H
A S P I R A T I O N E I T
E W L D D C O U R A G E A
B G Y L D N I K H H D S Y
W I S E H E A V E N C K A
E L T T I L A T L E S F K
```

Every soul that touches yours –
Be it the slightest contact –
Get <u>there</u> from some <u>good</u>,
Some <u>little</u> <u>grace</u>; one <u>kindly</u> <u>thought</u>,
One <u>aspiration</u> yet <u>unfelt</u>,
One <u>bit</u> of <u>courage</u>,
For the <u>darkening</u> <u>sky</u>,
One <u>gleam</u> of <u>faith</u>,
To <u>brave</u> the <u>thickening</u> ills of <u>life</u>,
One <u>glimpse</u> of <u>brighter</u> <u>skies</u>,
To <u>make</u> this life <u>worthwhile</u>,
And <u>heaven</u> a sure <u>heritage</u>.

29   Arroword

Solve the clues, then enter each answer in the direction of the arrows, one letter per square. When completed, the letters in shaded squares can be rearranged to form another word.

Relating to plants	Time of life (3,3)	Having appendages on the feet	▼	Drag	▼	Prescribed selection of foods	▼	Light narrow boat
◣	▼	▼						
Mr Reed who had a 'Perfect Day' ▶				Epoch		Bring out an official document		Bare
Excision, cut ▶				▼		▼		▼
◣			Applauded		Body of salt water ▶			
Evil		Restricts the number or amount of ▶	▼				Mentally or physically infirm with age	
◣				Mousse	Application ▶		▼	
Metal device which rings	Kin group	Concurred ▶		▼				
◣	▼					Behave	Baby's bed	Informal term for a father
Ambit		Calm ▶			▼		▼	▼
◣				Popular carbonated drink ▶				
Attention		Marked with spots ▶						

Sudoku

Place one of the numbers from 1 to 9 into every empty cell so that each row, each column and each 3x3 block contains all the numbers from 1 to 9.

	5	3	2					1
9					6	3		8
	4		9	5		6		
				1	2	7	8	3
		6				4		
7	2	8	5	3				
		7		8	9		1	
2		9	4					7
3					1	5	6	

"There is something wonderfully bold and liberating about saying yes to our entire imperfect and messy life."

Tara Brach

Codeword

Every letter in this puzzle has been replaced by a number, the number remaining the same for that letter wherever it occurs. Every letter of the alphabet has been used. Substitute numbers for letters to complete the codeword.

It may help to cross off the letters beneath the grid to keep a track of progress, and to use the reference box showing which numbers have been decoded. Three letters have already been entered into the grid, to help you on your way.

20		23		13	21	12	9	6	11	25	14	26	17	13
13	3	13	22	25		13			6		7		14	
11		22		12	9	15	24	14	22	9	4	4	13	24
25	14	25	17	13		22			12		17		10	
18		9		23		13	7	4	17	5	19	13	13	11
6		15	13	13	24		5		14			16		4
17	9	10		9			15		1		4	9	14	23
15		6		17	9	11	11	5	13	24		4		13
13	13	17	11		4		25			5		5	16	9
11		9			4		13		19	5	6	23		24
11	22	23	9	2	17	13	23	11		23		9		11
	12		11		14			5		26	5	25	22	12
22	5	15	11	13	8	6	13	15	22	13		14		13
	1		13		6			14		17	5	5	11	13
9	13	11	25	12	13	25	14	22	9	17		15		25
			T	H	E									

A B C D E F G H I J K L M

N O P Q R S T U V W X Y Z

1	2	3	4	5	6	7	8	9	10	11	12 H	13 E
14	15	16	17	18	19	20	21	22	23	24	25 T	26

32   Shadow Play

Which of the shadows is that of the prancing pony shown here?

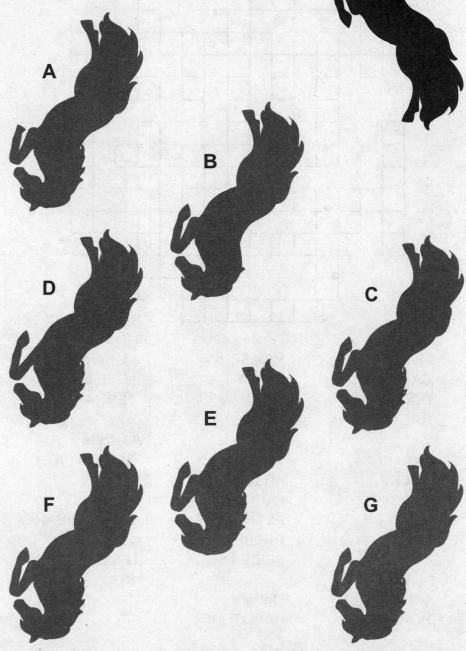

33   Criss Cross: Pets

The words are provided, but can you fit them all into the grid?

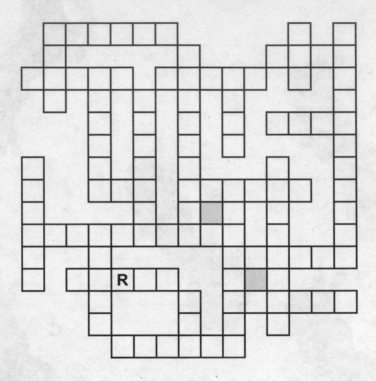

3 letters	MOUSE	8 letters
CAT	PUPPY	LOVE BIRD
DOG		TERRAPIN
RAT	6 letters	
	FERRET	9 letters
4 letters	GERBIL	GUINEA PIG
DUCK	KITTEN	
FROG	PARROT	10 letters
GOAT	PYTHON	BUDGERIGAR
PONY	RABBIT	
	SPIDER	11 letters
5 letters		STICK INSECT
GOOSE	7 letters	
HORSE	HAMSTER	

Wordsearch: Rainy Day

Can you find all of the listed words hidden in the grid below? Words run horizontally, vertically or diagonally, in either a forward or backward direction.

```
O R R E S S L W F M X F I
N B J Z G J D R H R S V N
O I R L R U D X W O B S S
I H Y E Y E L R N T W E O
T G O A T O W E I S E H D
A U N O M A L O D Z O S D
T M Z I D H E L H P Z O E
I B O T K S C H A S Z L N
P O N E Z A L P C U G A E
I O Y K R L O N U D Q G H
C T L C M P U S B D N S L
E S S A H S D W X D D I A
R X G J A Y S I Z O A L W
P A N O R A K G C O N M E
Y J N V X Z G D B Z H L P
```

ANORAK	GUMBOOTS	SOAKING
CLOUDS	HOOD	SODDEN
DAMP	JACKET	SPLASH
DELUGE	PRECIPITATION	SQUALL
DRIZZLE	PUDDLE	STORM
GALOSHES	SHOWER	WINDCHEATER

"Take care of your body.
It's the only place you
have to live in."

Jim Rohn

35   Maze

Start at the top and find a path to the middle of the maze.

"You need to learn how to
select your thoughts just
the way you select your
clothes every day. This is a
power you can cultivate."

Elizabeth Gilbert

36   Spot the Difference

In each of the pictures below, there is one detail different from the other pictures. Can you spot the one difference in every case?

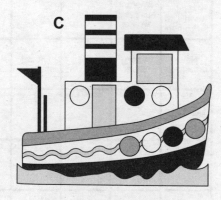

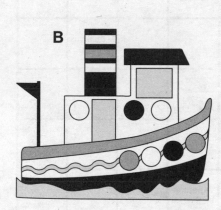

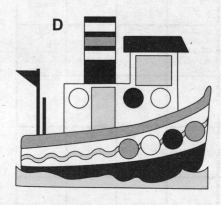

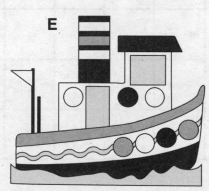

Arroword

Solve the clues, then enter each answer in the direction of the arrows, one letter per square. When completed, the letters in shaded squares can be rearranged to form another word.

Indistinct shapeless form	▼	Disciple	Force by impact / Belief	►		▼	Young unmarried French-woman / Cut back
Molten rock ►		▼	▼		High mountain		▼
Stated one's views ►							Miraculous food
⚑				Pre-dinner drink	Bird similar to an ostrich ►	▼	
Double-reed woodwind instrument	Itinerant Australian worker ►			▼			
News broadcast	Loan shark		Official emissary		A person in general ►		
⚑	▼		▼				Frame-work of a military unit
Oracle ►					Hollow, flexible structure resembling a bag ►		▼
Magni-ficent		Taunt ►					Do needle-work
⚑					Hallucino-genic drug (inits) ►	▼	
Short		Farm implement used to break up soil ►					
⚑					Female sheep ►		

Sudoku

Place one of the numbers from 1 to 9 into every empty cell so that each row, each column and each 3x3 block contains all the numbers from 1 to 9.

	7		9		2		4	
3		1		6		7		2
2				1				9
9		4	2		3	1		5
	1		6		4		2	
8		2	5		1	6		4
6				4				8
1		3		5		4		7
	8		1		9		3	

"If we learn to open our hearts, anyone, including the people who drive us crazy, can be our teacher."

Pema Chodron

Codeword

Every letter in this puzzle has been replaced by a number, the number remaining the same for that letter wherever it occurs. Every letter of the alphabet has been used. Substitute numbers for letters to complete the codeword.

It may help to cross off the letters beneath the grid to keep a track of progress, and to use the reference box showing which numbers have been decoded. Three letters have already been entered into the grid, to help you on your way.

20	4	7	9		17	2	20	8	16		14	18	9	9
2			15	20	25		18		20			14		20
9	18	1	25		20	17	25	18	9	9		18	13	2
18			11		3		5			19	2	15	20	5
		9	18	3	5		20	16	1	15			2	
19	7	15		7		21		25		13	12	15	2	19
7		8		9	2	18	16	20	8			4		20
6	1	7	2	5		9		11		26	18	1	8	16
1		18			16	20	22	15	14	18		23		15
15	16	25	15	5		7		2		10		15	8	23
	15			20	25	17	12		14 B	15	8	23		
20	8	5	7	17			26		20 A		1			14
14	15	15			18	14	24	15	17	5 T		5	20	21	15
15		20			7		8		12	1	5			2
5	20	10	15		16	25	20	22	15		26	20	13	2

A B C D E F G H I J K L M

N O P Q R S T U V W X Y Z

1	2	3	4	5 T	6	7	8	9	10	11	12	13
14 B	15	16	17	18	19	20 A	21	22	23	24	25	26

40   Wordsearch: Aromatherapy

Can you find all of the listed words hidden in the grid below?
Words run horizontally, vertically or diagonally, in either a forward or
backward direction.

```
E A S O M I M A Y Q C N L
C W L I J O N Q U I L E R
F Y A L R G C B T Q O E D
L X P O F J N R F V G R J
I Z T R E V O L C N G G S
O G E E N O Y I X F R B
R G M N E S O G N A E E B
G T N L R B S R E K G T M
V F L A P Y O L Y U E N C
W A E S M S Y N J O M I A
J E B F E A O B B I T W M
C O L M B E Q Y H S U D P
Q C A E P J A S M I N E H
H R R Y M E L E O N D E O
Y Q U P O I D N O M L A R
```

ALMOND	ELEMI	MYRRH
BAY LEAF	GINGER	NEROLI
CAMPHOR	JASMINE	NUTMEG
CITRONELLA	JONQUIL	PEONY
CLOVE	MANGO	ROSEMARY
CYPRESS	MIMOSA	WINTERGREEN

"Go confidently in the direction of your dreams! Live the life you've imagined."

Henry David Thoreau

The words are provided, but can you fit them all into the grid?

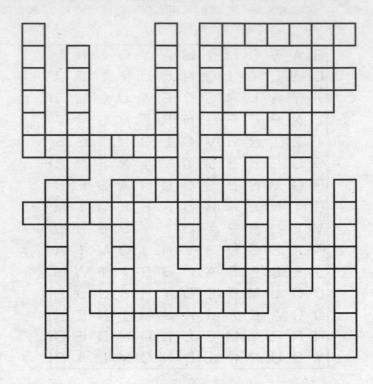

4 letters
IRIS
LILY

5 letters
LILAC
PANSY
TULIP

6 letters
ALLIUM
SCILLA
VIOLET

7 letters
ANEMONE
COWSLIP
FREESIA

8 letters
BLUEBELL
CAMELLIA
DAFFODIL
FOXGLOVE
HYACINTH
PRIMROSE
SNOWDROP

9 letters
CELANDINE
HELLEBORE

Flower Power

Fit the listed words into the grid below, then rearrange the letters in the shaded squares to form another word related to the theme of this book.

3 letters
APE
ASS
GOT
HAT
LOT
MAN
POP
TOW

4 letters
EACH
FUSS
GIRL
GNAW
GOLD
LARK

MAID
PATH
PEST
TART
TOUR
TREE

5 letters
ADEPT
EXIST
FLASH
FLIER
FLOSS
HAPPY

LIMIT
PETTY
PLACE
REPLY
TOTAL
WHEEL

"Walk as if you are kissing the Earth with your feet."

Thich Nhat Hanh

43   Maze

Start at the top and find a path to the middle of the maze.

"There are two types of seeds in the mind: those that create anger, fear, frustration, jealousy, hatred and those that create love, compassion, equanimity and joy. Spirituality is germination and sprouting of the second group and transforming the first group."

Amit Ray

Odd One Out

One of these city sunset sky-line photographs is different from the others in some way. Which is the odd one out?

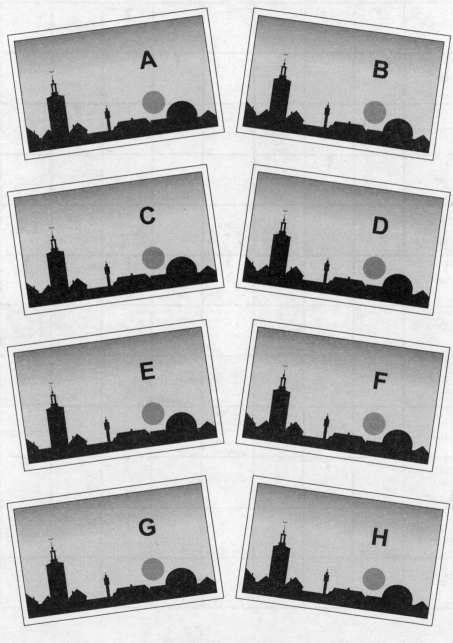

45   Arroword

Solve the clues, then enter each answer in the direction of the arrows, one letter per square. When completed, the letters in shaded squares can be rearranged to form another word.

Cross-breed		Australian term for a young kangaroo	Consistent with fact or reality		Catch sight of		Added to	Bathing resort
							Cereal grass	
Indigestion		Add together	Appro-priate					
Throws away as refuse	Cinema attendant		Allegory	Girl's name		Cover with insulation to prevent heat loss		Deity
					One of the supports for a table			
Onerous task		Distinctive quality					Heavenly being	
					Wander aimlessly in search of pleasure			
Decapod crustacean		Beast of burden	Printing command to ignore a former deletion			Egg cells		Enquire
				Roman cloak				
Domed recess	Parts of a garment which cover the arms							
				Babble				

Wordsearch: Birds

Can you find all of the listed words hidden in the grid below?
Words run horizontally, vertically or diagonally, in either a forward or
backward direction.

```
L Y P H C I R T S O S D D
D R N O C L A F Y T O O S
T A Z Y F K J T M H O H T
A N F M H J B E E E E R R
T A A Q R G V L T R F A K
T C Y W E W O E L I G N I
L I E J S E W R D I K E C
E V R M T L Q T R K A A J
R K P M I Q V E F G X U W
D H S X O J G P V H U P Q
F W O R C D E D O O H I S
K T B U U Q L S Y K D G D
L O U B K I N G E I D E R
Q H O L T E N N I L S O B
G A O R A R E P J B X N D
```

BUDGERIGAR	KITE	QUAIL
CANARY	LINNET	ROOK
DOVE	OSPREY	SOOTY FALCON
EGRET	OSTRICH	STORK
HOODED CROW	PETREL	SWAN
KING EIDER	PIGEON	TATTLER

"Maybe that's what life is... a wink of the eye and winking stars."

Jack Kerouac

Codeword

Every letter in this puzzle has been replaced by a number, the number remaining the same for that letter wherever it occurs. Every letter of the alphabet has been used. Substitute numbers for letters to complete the codeword.

It may help to cross off the letters beneath the grid to keep a track of progress, and to use the reference box showing which numbers have been decoded. Three letters have already been entered into the grid, to help you on your way.

8	24	1	23	11		3	6	4	18	11	23	26	26	23
23		15		5		6		6		23				11
20	24	19	19	16	18	9	23	11		25 V	5 I	8 S	26	6
6		18		16		23		16		23		19		8
10	6	2	25	6	8		22	5	17	6	26	5	25	23
23				2		8		2		19		10		
18	1	26	5	10		14	24	5	1		16	5	8	10
24		21		23		24		23		20		2		6
8	12	5	16		13	6	5	11		18	24	7	13	26
		26		22		20		23		26				6
8	24	10	10	24	3	20	8		1	6	11	8	23	10
5		13		2		19		21		2		26		19
16	18	15	23	2		5	3	6	7	5	2	6	11	15
23				23		2		22		8		5		8
8	1	18	26	19	5	7	13	26		26	13	11	24	3

A B C D E F G H I J K L M

N O P Q R S T U V W X Y Z

1	2	3	4	5 I	6	7	8 S	9	10	11	12	13
14	15	16	17	18	19	20	21	22	23	24	25 V	26

Sudoku

Place one of the numbers from 1 to 9 into every empty cell so that each row, each column and each 3x3 block contains all the numbers from 1 to 9.

1		4	8				2	
	7		1					
		3		6	9	7		4
6		1			4	9		8
	3			9			5	
2		9	7			1		3
4		5	2	3		6		
					6		4	
	6				5	8		7

"Don't waste a minute not being happy. If one window closes, run to the next window, or break down a door."

Brooke Shields

49 Criss Cross: Gardening

The words are provided, but can you fit them all into the grid?

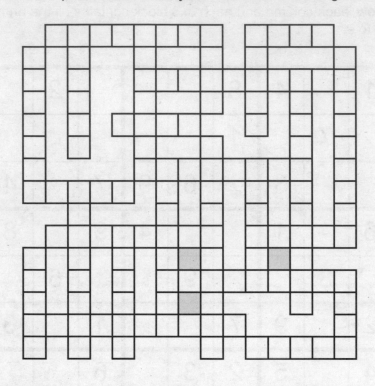

4 letters
CORM
LAWN
LIME
WASP

5 letters
ASPEN
LUPIN
MOWER
PLANE
STOCK

6 letters
EARWIG
GRAPES
TURNIP

7 letters
RAGWORT
WYCH ELM

8 letters
AUBRETIA
FEVERFEW
TARRAGON
WHITEFLY
WISTERIA

9 letters
SAXIFRAGE
TOADSTOOL

10 letters
CULTIVATOR
GYPSOPHILA
PROPAGATOR

11 letters
INCINERATOR

50   Matching Pairs

Can you identify six matching pairs of candles? Matching pairs are identical in every detail.

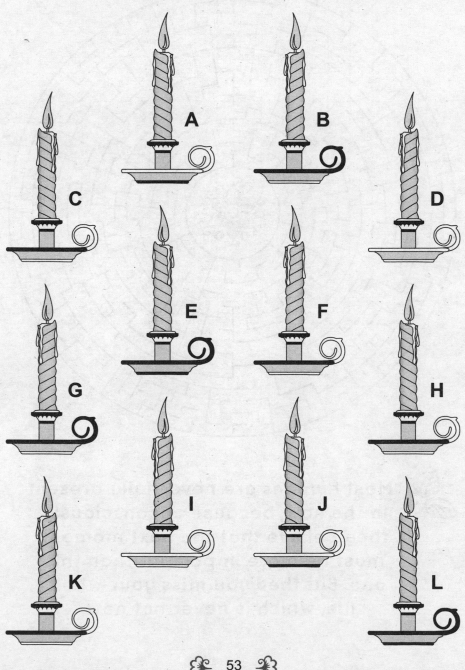

51   Maze

Start at the top and find a path to the middle of the maze.

"Most humans are never fully present in the now, because unconsciously they believe that the next moment must be more important than this one. But then you miss your whole life, which is never not now."

Eckhart Tolle

52   Wordsearch: Loving Words

Can you find all of the listed words hidden in the grid below?
Words run horizontally, vertically or diagonally, in either a forward or
backward direction.

```
O K F N O I T C A R T T A
G D J O F P H D M B X R S
E N Q K N S Q C I X M Q S
T F I Q U D T T T P T P I
O J I V P P N R U R U F K
D A M X O N F E F E U C P
U E V Y P L E A S U R E U
U O S X V Z L R I S R Y K
Y Y D I K L E M R I E B F
E S G W R V G N A R D H Q
A A I S J E N P E U N O Q
R T D G N N A B I I E Q L
N S P T J U Q J F O T H R
C C L D W S L S R A G U S
O E S W J W J Z D J F E C
```

ANGEL	ECSTASY	PLEASURE
ATTRACTION	FONDNESS	SUGAR
CUPID	GENTLE	TENDER
CUTIE	IDOL	TRUE
DESIRE	KISS	VENUS
DOTE	LOVING	YEARN

"Grace, goodness, and gratitude are the heartbeat of a life well lived."

Lisa Cypers Kamen

53   Arroword

Solve the clues, then enter each answer in the direction of the arrows, one letter per square. When completed, the letters in shaded squares can be rearranged to form another word.

Lucky	▼	Silk fabric with a wavy pattern	▼	Ermine in its brown summer coat	Informal farewell remark (2-2)	▼	Jape	▼
◣							
Cause to become widely known		Domesti-cated bovine animals		___ and don'ts, rules of etiquette	Baseball bat		Bony skeleton of the head
◣		▼		▼	▼		▼
Praise, glorify	▶					Out-standing musician	Sweet pepper
Garbage container	Chemically inactive		Add together (3,2)	▶		▼	▼
◣	▼		Egg of a louse	Island of Indonesia	▶		
In addition		Bag made of hessian or plastic	▼	Amount owed	Common type of tree	▶	
◣		▼		▼			Hostel
Charge	▶				Can	▶	▼
◤			Baked to a cinder	▶			
And so forth (abbr)	Case for containing a set of articles	▶			Yoko ___, widow of John Lennon	▶	

54   Sudoku

Place one of the numbers from 1 to 9 into every empty cell so that each row, each column and each 3x3 block contains all the numbers from 1 to 9.

9				1	5	7	6	
6		8				5		
3			8		6			1
			6	2		4	8	
	7		4		3		1	
	4	9		5	7			
1			7		4			9
		3				8		2
	6	5	2	9				4

"Being happy isn't having everything in your life be perfect. Maybe it's about stringing together all the little things."

Ann Brashares

55   Codeword

Every letter in this puzzle has been replaced by a number, the number remaining the same for that letter wherever it occurs. Every letter of the alphabet has been used. Substitute numbers for letters to complete the codeword.

It may help to cross off the letters beneath the grid to keep a track of progress, and to use the reference box showing which numbers have been decoded. Three letters have already been entered into the grid, to help you on your way.

19	8	20	21	5	4	6	21	15	■	7	10	23	8	6
4	■	23	■	18	■	4	■	20	■	8	■	8	■	5
22	20	24	10	18	■	20	1	1	8	16	8	18	■	4
5	■	10	■	10	■	14	■	26	■	7	■	20	■	1
22	8	2	20	7	17	8	22	■	25	4	22	21	8	18
■	■	4	■	15	■	■	3	■	22	■	■	■	■	1
7	5	5	21	■	18	8	21	10	24	8	22	20	7	8
4	■	4	■	7	■	26	■	1	■	18	■	11	■	6
22	8	6	4	22	2	8	1	9	8	■	5	11	4	6
24	■	■	20	■	18	■	■	23	■	21	■	■	■	■
4	1	24	8	1	7	■	24	22	8	20	26	10	1	2
21	■	20	■	12	■	8	■	5	■	18	■	9	■	10
8	■	21	20	4	1	18 D	22 R	15 Y	■	9	17	20	22	18
1	■	6	■	10	■	10	■	20	■	20	■	1	■	18
7	22	20	13	21	■	7	8	21	8	11	20	7	17	15

A B C D E F G H I J K L M

N O P Q R S T U V W X Y Z

1	2	3	4	5	6	7	8	9	10	11	12	13
14	15 Y	16	17	18 D	19	20	21	22 R	23	24	25	26

56   Jigsaw

Which four shapes (two black and two white) can be fitted together to form the leaf shown here? The pieces may be rotated, but not flipped over.

A

B

C

D

E

F

G

H

I

J

K

L

M

57 Criss Cross: Dances

The words are provided, but can you fit them all into the grid?

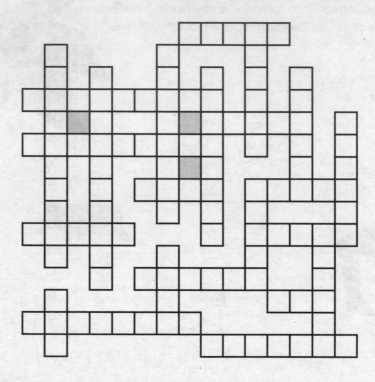

3 letters	SHAKE	8 letters
BOP	TWIST	HABANERA
JIG		MERENGUE
	6 letters	MOONWALK
4 letters	BOLERO	
FRUG	BOOGIE	9 letters
REEL	CHA-CHA	ALLEMANDE
	SHIMMY	PASO DOBLE
5 letters	VELETA	
MAMBO		10 letters
POLKA	7 letters	CHARLESTON
RUMBA	TWO-STEP	HOKEY-COKEY
SAMBA		

58   Wordsearch: Make Me Laugh

Can you find all of the listed words hidden in the grid below?
Words run horizontally, vertically or diagonally, in either a forward or
backward direction.

I	M	J	I	K	C	I	T	S	P	A	L	S
U	B	A	C	I	L	O	R	F	P	L	S	S
C	J	K	N	J	F	F	F	W	Z	O	K	S
I	Z	O	E	D	A	R	A	H	C	A	O	H
G	Y	S	U	U	D	L	P	R	N	I	S	F
A	T	N	N	P	D	A	C	P	C	I	V	X
G	N	F	R	T	R	V	A	S	R	E	Q	E
S	I	T	C	O	M	N	A	E	G	I	S	R
T	A	B	D	X	T	T	B	J	O	N	E	P
H	D	Y	F	O	I	B	X	I	E	P	U	U
B	W	D	M	R	I	Q	Y	S	A	W	G	N
G	M	I	E	G	R	Y	N	C	J	O	K	E
A	M	Z	Y	H	O	O	T	E	Q	C	X	B
E	R	Y	R	E	N	O	O	F	F	U	B	L
P	X	I	J	F	Y	K	Q	Q	V	W	G	W

BUFFOONERY	GIBBERISH	PARODY
CAPER	IRONY	PUN
CHARADE	JEST	SATIRE
FARCE	JOKE	SITCOM
FROLIC	NONSENSE	SLAPSTICK
GAGS	PANTOMIME	SPOOF

"Not how long, but how well you have lived is the main thing."

Seneca

59   Maze

Start at the top and find a path to the middle of the maze.

"'May the Force be with you' is charming but it's not important. What's important is that you become the Force—for yourself and perhaps for other people."

Harrison Ford

60   Pyragram

Every clue in this puzzle is an anagram leading to a single-word solution. Correctly solve the anagram on each level of the pyramid and another word will appear, reading down the central column.

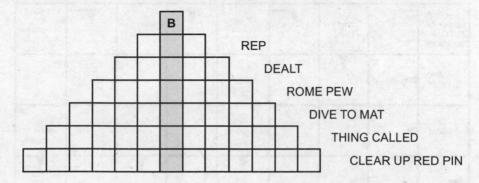

REP

DEALT

ROME PEW

DIVE TO MAT

THING CALLED

CLEAR UP RED PIN

61   Word Wheel

How many words of three or more letters can you make from those in the wheel, without using plurals, abbreviations or proper nouns?

The central letter must appear once in every word and no letter in a section of the wheel may be used more than once.

There is at least one nine-letter word in the wheel.

Nine-letter word(s):

_____

62   Arroword

Solve the clues, then enter each answer in the direction of the arrows, one letter per square. When completed, the letters in shaded squares can be rearranged to form another word.

Second letter of the Greek alphabet		Consign-ment		Of the highest quality		Christmas flower		Occasion for excessive eating or drinking
Yielding a profit								
Faucet				Greases		Primitive plant forms		City in western Germany
Rectory	Substance for staining a fabric		Small areas of land surrounded by water					
Angle that resembles the hind limb of a canine							Deliver-ance	
Part of a necklace		Love intensely	Look at intently					
				Adoles-cent				
Device used for exact timing	Bill in a restaurant		Cherry stone	Existed, lived		Attempt		Adult female bird
Elaborate song for a solo voice					Perennial herb with bitter-tasting leaves			
Makes a wager					Japanese currency unit			

63   Sudoku

Place one of the numbers from 1 to 9 into every empty cell so that each row, each column and each 3x3 block contains all the numbers from 1 to 9.

	6	7	1			2		
9						5	1	7
	5		3	4				
3			4	7			6	5
	1		6		8		9	
4	8			3	5			2
				9	2		5	
1	3	8						9
		2			3	6	4	

"A few simple tips for life: feet on the ground, head to the skies, heart open...quiet mind."

Rasheed Ogunlaru

Codeword

Every letter in this puzzle has been replaced by a number, the number remaining the same for that letter wherever it occurs. Every letter of the alphabet has been used. Substitute numbers for letters to complete the codeword.

It may help to cross off the letters beneath the grid to keep a track of progress, and to use the reference box showing which numbers have been decoded. Three letters have already been entered into the grid, to help you on your way.

7	19	2	20	24	■	2	19	3	20	17	1	19	9	20
19	■	6	■	6	■	17	■	16	■	8	■	■	■	6
2	24	8	19	9	19	20	17	23	■	8	17	3	19	8
6	■	20	■	7	■	24	■	15	■	12	■	18	■	7
8	15	16	6	1	3	■	6	2	15	2	1	19	14	16
20	■	■	■	19	■	7	■	24	■	20	■	19	■	■
17	9	11	19	8	■	15	21	6	16	■	19	2	17	23
9	■	19	■	3	■	18	■	9	■	6	■	19	■	12
13	8	17	2	■	21	9	15	20	■	23	6	8	15	22
■	■	13	10	■	1	■	3	■	23	■	■	■	■	22
21	17	9	21	6	4	15	12	■	5	12	6	8	8	16
6	■	19	■	9	■	6	■	6	■	3	■	19	■	24
8	6	7	17	17	■	7	19	3	2 (P)	19 (E)	8 (R)	6	7	15
26	■	■	■	19	■	19	■	24	■	8	■	25	■	1
6	3	3	12	8	19	7	1	16	■	3	17	19	25	19

A B C D E F G H I J K L M

N O P Q R S T U V W X Y Z

1	2 P	3	4	5	6	7	8 R	9	10	11	12	13
14	15	16	17	18	19 E	20	21	22	23	24	25	26

65 Wordsearch: Creatures

Can you find all of the listed words hidden in the grid below? Words run horizontally, vertically or diagonally, in either a forward or backward direction.

R	P	H	L	C	N	A	D	J	F	R	O	M
U	H	D	A	P	O	H	Y	E	N	A	I	O
S	U	M	A	T	O	P	O	P	P	I	H	L
T	E	L	B	C	E	P	K	X	N	C	D	E
L	A	L	C	E	O	N	I	C	J	R	W	U
X	M	O	H	Y	E	A	T	K	D	U	P	G
O	S	S	T	O	V	I	T	W	L	Y	B	U
I	J	R	I	S	Q	X	E	I	O	V	Z	V
S	N	A	I	L	O	Z	N	C	N	S	E	D
P	U	I	G	D	T	E	R	R	E	F	L	X
N	F	I	I	U	K	U	E	K	K	L	T	G
R	O	N	V	P	A	K	C	O	C	A	E	P
A	G	S	J	K	S	R	H	E	I	F	E	R
O	E	E	Z	N	A	P	M	I	H	C	B	I
T	S	A	U	Q	K	D	C	F	C	H	K	L

BEETLE	DINGO	KITTEN
CAMEL	FERRET	MOLE
CHICKEN	HEIFER	PEACOCK
CHIMPANZEE	HIPPO-	SHEEP
COATI	POTAMUS	SNAIL
COYPU	HYENA	STOAT
	JAGUAR	

"Life's tragedy is that we get old too soon, and wise too late."

Benjamin Franklin

66   Criss Cross: Mountain Ranges

The words are provided, but can you fit them all into the grid?

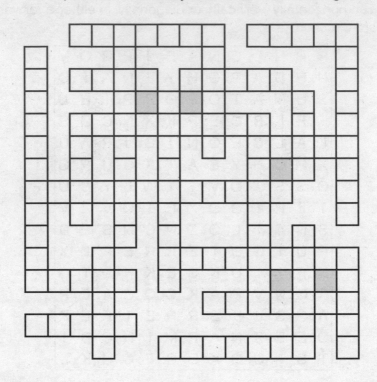

4 letters
JURA
KRAG

5 letters
AMARO
DAVIS
GYDAN
HARAZ
LEWIS
SAYAN
SHEEP
URALS

6 letters
PURITY
SEMIEN

7 letters
BISHOPS
CHERSKY
PREMIER

9 letters
GUADALUPE
HINDU KUSH
NEWCASTLE

STRANDZHA
SWARTBERG

10 letters
SERRA GERAL

11 letters
DRAKENSBERG

12 letters
SIERRA NEVADA

67   **Flower Power**

Fit the listed words into the grid below, then rearrange the letters in the shaded squares to form another word related to the theme of this book.

3 letters	4 letters		5 letters	
CUT	AWAY	MOVE	ATLAS	EXPEL
INN	BAKE	TENT	CLING	GLOSS
LIE	BAWL	TOAD	DITTO	LADLE
MUD	BEAK	TRAP	DRAMA	RANGE
PEA	DOOR	WAIT	ELVES	ROOST
PET	LEAD	ZONE	EXERT	TEXAS
RYE				
VAT				

"Life is a dance. Mindfulness is witnessing that dance."

Amit Ray

68   Maze

Start at the top and find a path to the middle of the maze.

"Perhaps ultimately, spiritual simply means experiencing wholeness and interconnectedness directly, a seeing that individuality and the totality are interwoven, that nothing is separate or extraneous. If you see in this way, then everything becomes spiritual in its deepest sense. Doing science is spiritual. So is washing the dishes."

Jon Kabat-Zinn

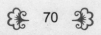

69　　　　　　　**In Place**

Place the listed words horizontally into the grid, so that when read from top left to bottom right, the letters in the shaded squares spell out a word linked to the theme of this book. Some letters are already in place.

ANEMONE

CANDLES

DEVOTED

GIRAFFE

HABITAT

JOURNAL

TACTFUL

		B				
				T		
		C				
				N		

"The earlier you learn that you should focus on what you have, and not obsess about what you don't have, the happier you will be."

Amy Poehler

70   Arroword

Solve the clues, then enter each answer in the direction of the arrows, one letter per square. When completed, the letters in shaded squares can be rearranged to form another word.

Declare formally	▼	'___ Lang Syne' Scottish song	▼	Land measure	▼	One third of 27 / Arched	▼	Drenched with water
⌐		▼				▼		Bright and pleasant
Customary way / Belonging to us	►			Hard fruits ► / Calf meat				▼
Ingenious ►				▼			Light and insub-stantial	
⌐			Isolate		Delivery vehicle ►		▼	
Elderly		Cotton fabric with a shiny finish ►	▼					
⌐					Free from liquid ►			
Defama-tory writing		Conflict		Mr Garfunkel, singer-songwriter ▼		Charge		Hindu discipline
Country, capital Lima	Coquette / Large deer	▼				▼	Put on	▼
⌐	▼			Disorderly outburst or tumult (2-2) ►			▼	
Noble-woman ► / Scottish island					Cut part of a tree trunk ►			
⌐				Arm bone ►				

71   **Wordsearch: Grow and Grow**

Can you find all of the listed words hidden in the grid below?
Words run horizontally, vertically or diagonally, in either a forward or
backward direction.

E	O	X	Q	V	H	A	T	C	W	L	N	A
B	S	O	A	Z	J	N	U	P	Q	G	O	K
F	B	I	Q	W	D	E	E	P	E	N	U	X
L	S	P	R	O	L	I	F	E	R	A	T	E
A	V	W	Q	A	F	I	T	I	C	H	T	U
R	O	W	E	I	I	N	E	S	I	A	R	Y
E	N	V	L	L	U	C	P	C	L	I	M	B
O	T	M	X	O	L	R	K	L	M	N	P	X
U	A	A	M	Q	X	E	N	L	U	N	U	B
T	O	P	N	S	N	A	P	E	A	M	O	A
K	A	L	F	I	W	S	Z	C	D	P	P	L
C	H	O	J	F	M	E	C	G	O	I	E	L
B	E	P	L	B	N	R	Q	R	P	T	W	O
B	Z	C	F	B	U	S	E	M	O	O	B	O
S	X	H	U	E	K	I	I	G	B	U	N	N

ACCRUE	DEEPEN	PROLIFERATE
ARISE	FLARE OUT	RAISE
BALLOON	GERMINATE	SWELL
BLOAT	INCREASE	THICKEN
BOOM	MOUNT	WAX
CLIMB	PLUMP	WIDEN

"Life can only be understood backwards, but it must be lived forwards."

Soren Kierkegaard

72   Codeword

Every letter in this puzzle has been replaced by a number, the number remaining the same for that letter wherever it occurs. Every letter of the alphabet has been used. Substitute numbers for letters to complete the codeword.

It may help to cross off the letters beneath the grid to keep a track of progress, and to use the reference box showing which numbers have been decoded. Three letters have already been entered into the grid, to help you on your way.

19	5	17	21	14		22	12	24	5	14	16	12	12	3
11		7		17		17		5 **H**		17				16
2	13	24	17	16	4	17	1	17 **E**		8	17	14	2	11
8		16		26		10		22 **M**		17		17		13
24	16	11	26	17	21		17	8	12	24	17	16	2	4
23				16		21		17		11		25		
11	24	12	22	8		18	6	21	15		20	18	11	1
13		16		17		7		26		1		16		11
1	2	6	8		5	18	6	17		17	22	17	16	15
		11		23		16		8		4				21
11	22	13	2	12	24	2	4		6	17	22	2	13	2
14		9		13		11		19		22		13		6
14	21	11	15	8		13	11	2	21	23	16	18	8	5
21				11		4		24		17		16		24
17	22	14	24	2	13	17	8	8		16	17	17	1	8

A B C D E F G H I J K L M

N O P Q R S T U V W X Y Z

1	2	3	4	5 **H**	6	7	8	9	10	11	12	13
14	15	16	17 **E**	18	19	20	21	22 **M**	23	24	25	26

73   **Sudoku**

Place one of the numbers from 1 to 9 into every empty cell so that each row, each column and each 3x3 block contains all the numbers from 1 to 9.

	6		9	5			4	7
2	7				3	1		
		4			2			
5	2		7				9	3
		6		9		8		
1	9				4		2	6
			5			7		
		5	8				3	4
7	8			6	1		5	

"Make the right decision
even when nobody's looking,
especially when nobody's looking,
and you will always turn out okay."

Oprah Winfrey

74   Criss Cross: Knitting

The words are provided, but can you fit them all into the grid?

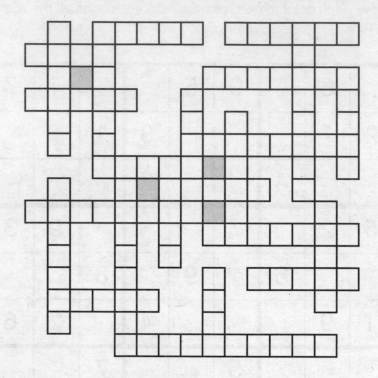

4 letters
PURL
WOOL

5 letters
BALLS
GAUGE
HANKS
HOBBY
NYLON
SHAWL
SOCKS
TWIST
YARNS

6 letters
CAST ON
DOUBLE
MOHAIR
POCKET

7 letters
BLANKET
LOOPING
MACHINE
TENSION

8 letters
CARDIGAN
KNITTING
STOCKING

9 letters
WAISTCOAT

10 letters
TURTLENECK

75   Pyragram

Every clue in this puzzle is an anagram leading to a single-word solution. Correctly solve the anagram on each level of the pyramid and another word will appear, reading down the central column.

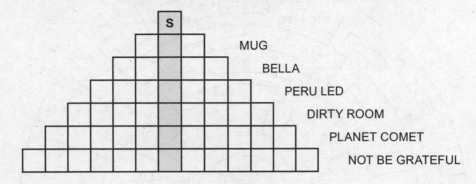

MUG

BELLA

PERU LED

DIRTY ROOM

PLANET COMET

NOT BE GRATEFUL

76   Word Ladder

Change one letter at a time (but not the position of any letter) to make a new word – and move from the word at the top of the ladder to the word at the bottom using the exact number of rungs provided.

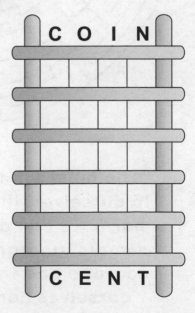

77   **Maze**

Start at the top and find a path to the middle of the maze.

"The most fundamental aggression
to ourselves, the most fundamental
harm we can do to ourselves, is to
remain ignorant by not having the
courage and the respect to look at
ourselves honestly and gently."

Pema Chodron

78   **Wordsearch: Happy the Man**

Can you find all of the underlined words from the poem "Happy the Man" by John Dryden hidden in the grid? Words run forward or backward, in either a horizontal, vertical, or diagonal direction.

```
T S R O W O R D N N E M H
Y P E N H V M S E G E O E
E N O L A I A E V T U N S
T A Y S N Y B D A R N I F
O G Y E S J N F E G E A N
W E R U C E S N H W O R M
N I H T I W S J O Y S H B
Y P P A H S H S E L G H W
E M G E H E S A E N U O E
V F A I R P N W T D R O H
A Y N F L E S T I R K Y F
H E A L I V E D O L E A C
B Y G D E Y A M N T S A P
K R E W O P O R E R L T Y
F O R P E T I P S L A S O
```

Happy the man, and happy he alone,

He who can call today his own:

He who, secure within, can say,

Tomorrow do thy worst, for I have lived today.

Be fair or foul or rain or shine

The joys I have possessed, in spite of fate, are mine.

Not Heaven itself upon the past has power,

But what has been, has been, and I have had my hour.

79   Arroword

Solve the clues, then enter each answer in the direction of the arrows, one letter per square. When completed, the letters in shaded squares can be rearranged to form another word.

Displayed	▼	Fruit resembling a small peach	Decoy, lure	▼	Coating of gold	Biblical character	▼	Irritation
Home ground ▶		▼	▼			▼		Heavy book
Gemstone ▶					Do something ▶			▼
Court order ▶					17th letter of the Greek alphabet ▶			
▶				Forward movement	Golf club with a relatively narrow metal head		Acquire	
Interlace yarn in a series of connected loops	Brief stop		Flexible joint ▶	▼			▼	
Authority ▶	▼					Proportion		Audibly
▶			Large artery	▶		▼		▼
Chapeau		Add up	Chemical carrying genetic information (inits) ▶				Marry	
Cook slowly in liquid ▶		▼			A couple ▶		▼	
▶			Au revoir ▶					
Sign of the zodiac	Plaything ▶				Curious ▶			

Sudoku

Place one of the numbers from 1 to 9 into every empty cell so that each row, each column and each 3x3 block contains all the numbers from 1 to 9.

4	5			7	8		3	
7			4			6		
1		2	5				4	
	4	8		2				1
		9	1		6	2		
3				9		5	6	
	3				1	7		6
		5			2			8
	1		6	8			9	5

"When we get too caught up in the busyness of the world, we lose connection with one another—and ourselves."

Jack Kornfield

81   Codeword

Every letter in this puzzle has been replaced by a number, the number remaining the same for that letter wherever it occurs. Every letter of the alphabet has been used. Substitute numbers for letters to complete the codeword.

It may help to cross off the letters beneath the grid to keep a track of progress, and to use the reference box showing which numbers have been decoded. Three letters have already been entered into the grid, to help you on your way.

26	10	20	6	15	2	■	23	10	15	8	9	26	13	4
10	■	7	■	10	■	17	■	■	15	■	5	■	25	
9	21	9	10	26	17	4	9	4	■	17	25	20	22	9
9	■	10	■	5	■	15	■	19	■	2	■	2	■	19
23	19	20	13	9	20	24	■	9	21	13	17	2	26	13
■	■	22	■	4	■	13	■	9	■	■	9	■		
14	5	9	20	13	■	5	15	23	9	16	24	19	19	6
20	■	■	■	10	■	■	14	■	■	10	■	■	9	
4	24	12	25	20	10	17	2	9	■	9	21	17	4	13
■	■	19	■	■	1	■	10	■	3	■	2	■		
4	9	20	4	17	1	9	■	10	15	24	13	17	2	9
13	■	18	■	2	■	20	■	15	■	9	■	13	■	1
20	19	17	9	2	■	4	5 (H)	10	17	2	11	17	2	22
17	■	2	■	9	■	20 (A)	■	■	26	■	20	■	9	
10	9	22	20	10	1	9	1 (D)	■	26	6	26	19	9	1

A B C D E F G H I J K L M

N O P Q R S T U V W X Y Z

1 D	2	3	4	5 H	6	7	8	9	10	11	12	13
14	15	16	17	18	19	20 A	21	22	23	24	25	26

82   **Reflections**

Which of the designs below is an exact
horizontal (left to right) mirror image of
the design to the right?

I

2

3

4

5

6

7

8

83

83 Criss Cross: A Walk in the Woods

The words are provided, but can you fit them all into the grid?

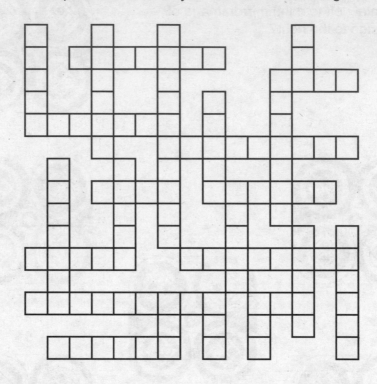

3 letters
ELM
FIR
IVY
OAK
OWL

4 letters
CROW
DEER

5 letters
BEECH
FENCE

HOLLY
MAPLE
TRUNK
TWIGS

6 letters
BEETLE
CANOPY
LEAVES
STREAM

7 letters
CREEPER
FOLIAGE

HEMLOCK
NETTLES

8 letters
PINE CONE

9 letters
BRIDLEWAY
CELANDINE

10 letters
BLACKBERRY

84   Wordsearch: Admirable Adjectives

Can you find all of the listed words hidden in the grid below?
Words run horizontally, vertically or diagonally, in either a forward or
backward direction.

```
T N E L L E C X E Q C F T
S P L E N D I D V H I A N
C T B X F M H D A V G H E
O M A E Q T O R R H P O C
M Q S G F N M D B D T N I
P A N A G I G E E N A E F
E T E T N E B L E S S S I
T T P G R V R I K H T T N
E R S V E U D I I K O L G
N A I S F E S N N O U O A
T C D L B P I T W G N V M
N T N O N N B A Y O D E X
V I I Y G Q M F W O I L M
J V J A W T F E A D N Y L
N E U L H B T E Y H G Q L
```

ASTOUNDING	GOOD	MODEST
ATTRACTIVE	HONEST	OBEDIENT
BRAVE	INDISPEN-	SHINING
CHARMING	SABLE	SPLENDID
COMPETENT	LOVELY	STAGGERING
EXCELLENT	LOYAL	TRUSTY
	MAGNIFICENT	

"Life isn't about finding
yourself. Life is about
creating yourself."

George Bernard Shaw

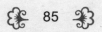

85   **Maze**

Start at the top and find a path to the middle of the maze.

"We use mindfulness to observe the way we cling to pleasant experiences and push away unpleasant ones."

Sharon Salzberg

86   Shadow Play

Which of the shadows is that of the plane shown here?

A

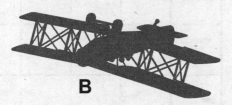

B

C

D

E

F

G

87   Arroword

Solve the clues, then enter each answer in the direction of the arrows, one letter per square. When completed, the letters in shaded squares can be rearranged to form another word.

Collection of ancient Scandi- navian poetry	Depicted	Eat greedily		Bill ____, of Microsoft fame	Footwear	Musical pace		Opera by Verdi
				Agitate				
Heaved								Forty winks
Biblical first woman				Arabian sultanate				
							Beard found on a bract of grass	
Ballroom dance in double time (2-4)	Single- celled organism		Shuts	Long- eared creature, similar to a rabbit				
					Cleansing agent	Equivalent		Lock of hair
Cause to wither		Dormant						
					Loud utterance of emotion		Cereal crop	
Contri- butor		Safe						
				Beams				
Adept		Fashions						

88 Sudoku

Place one of the numbers from 1 to 9 into every empty cell so that each row, each column and each 3x3 block contains all the numbers from 1 to 9.

	5		3		2			9
6	4		9	5				
3			4				1	8
		9		3	1	6		
5		6				7		1
		8	5	6		3		
1	8				5			2
				8	3		5	6
2			1		7		4	

"If you can do what you do best and be happy, you are further along in life than most people."

Leonardo Dicaprio

89   Codeword

Every letter in this puzzle has been replaced by a number, the number remaining the same for that letter wherever it occurs. Every letter of the alphabet has been used. Substitute numbers for letters to complete the codeword.

It may help to cross off the letters beneath the grid to keep a track of progress, and to use the reference box showing which numbers have been decoded. Three letters have already been entered into the grid, to help you on your way.

16	4	13	24	8	21	3	5		6	25	4	13	24	2
	13		8		4		10		25		3			9
3	25	12	9	4	13		14	3	8	12	16	17	5	17
	12		8		4		25		22		26			2
5		23	4	20	11	4	3	19		10	4	17	4	3
18		25			4		7	2	18	20		25		5
26	2	12	2	10	20	12		4		12	8	10	25	17
8		9		4		4		3		16		9		21
3 **L**	8	3	4	21		13		4	21	26	8	5	1	5
4 **A**		5		13	5	17	24		5			4		10
13 **R**	8	15	14	5		26	2	2	15	3	25	12		24
4			25		2		8		8		13		4	
24	5	4	24	2	11	5	3		3	8	9	8	15	2
5			17		5		5		3		4		22	
17	11	4	20	5	15		24	13	4	8	10	5	5	17

A B C D E F G H I J K L M
N O P Q R S T U V W X Y Z

1	2	3 **L**	4 **A**	5	6	7	8	9	10	11	12	13 **R**
14	15	16	17	18	19	20	21	22	23	24	25	26

Wordsearch: Clouds

Can you find all of the listed words hidden in the grid below? Words run horizontally, vertically or diagonally, in either a forward or backward direction.

```
L H K Y D C I R R U S N M
I G N I W O L L I B T C G
V J E T S T R E A M O Y V
N N O N S V F K B C R C L
A T O F O U F I Q M M L W
C W N L S I T V B O Z O I
E I N H I U T A I N E N S
M R H T T A E C M R U I P
D E U P X O T L E M L C Y
E D B L A C K S I V A S U
V N B J C R F A E P N M C
P U R B R L G N T R H O H
N H A K G D U O I I A W C
P T I A M R A G R I V M E
C O N T R A I L S O X R I
```

ANVIL	CYCLONIC	RAIN
BILLOWING	JET STREAM	SNOW
BLACK	MAMMATUS	STORM
CIRRUS	MARE'S TAIL	THUNDER
CONTRAILS	OROGRAPHIC	VIRGA
CONVECTION	PILEUS	WISPY

"Only those who dare to fail greatly can ever achieve greatly."

Robert F. Kennedy

91   Criss Cross: In the Greenhouse

The words are provided, but can you fit them all into the grid?

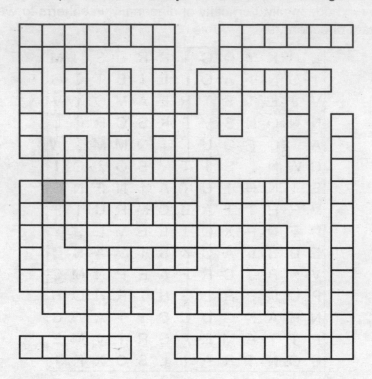

4 letters
POTS
SOIL

SIEVE
STAKE
WEEDS

7 letters
PEPPERS
SHADING

5 letters
BENCH
BOXES
HERBS
LABEL
MULCH
SCOOP
SEEDS
SHELF

6 letters
ORCHID
PLANTS
RIDDLE
SEEDER
STANDS
TROWEL
WARMTH

8 letters
CUCUMBER
PARAFFIN
SUNLIGHT

11 letters
WATERING CAN

Flower Power

Fit the listed words into the grid below (one letter is already in place), then rearrange the letters in the shaded squares to form another word related to the theme of this book.

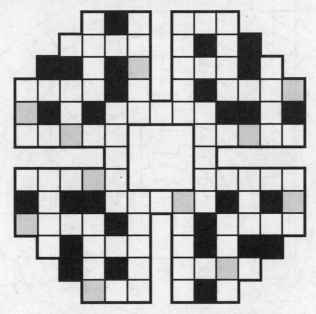

3 letters	4 letters		5 letters	
ASK	BACK	LINE	AMEND	OCTET
BOA	BOND	MOAT	DEFER	SABLE
EAT	DOZE	PAGE	FLUKE	TALON
HUM	EARL	TRUE	GAUZY	WIDEN
LAG	HOOT	WANT	MIAMI	WRING
OVA	LEAF	WREN	NOISY	ZEBRA
ROT				
TIP				

"Normal is nothing more than a cycle on a washing machine."

Whoopi Goldberg

93   Maze

Start at the top and find a path to the middle of the maze.

"While you'll feel compelled
to charge forward it's often
a gentle step back that will
reveal to you where you are
and what you truly seek."

Rasheed Ogunlaru

Jigsaw

Which four shapes (two black and two white) can be fitted together to form the starfish shown here? The pieces may be rotated, but not flipped over.

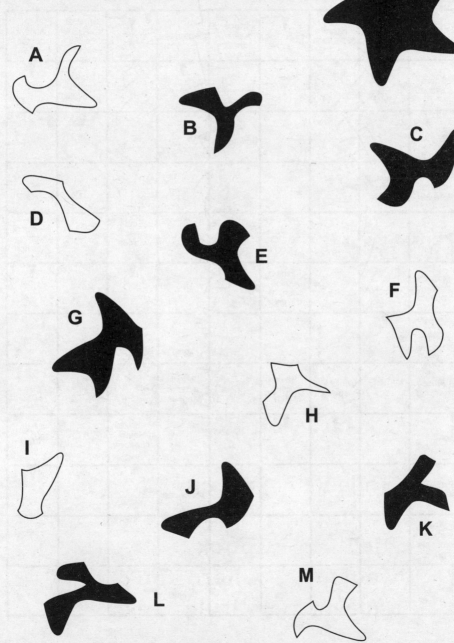

95   Arroword

Solve the clues, then enter each answer in the direction of the arrows, one letter per square. When completed, the letters in shaded squares can be rearranged to form another word.

Engage in espionage	▼	Resist separation	▼	Grooved surface of a pneu-matic tyre	Contended	▼	State of the USA, capital Columbus	Animal doctor
Social outcast ►		▼			▼		Country, capital San Juan (6,4)	▼
⚑				Fully developed ►			▼	
Park in central London	Frequently visited place	►						
⚑				Ebbed		Small insecti-vorous bird		Electrical resistance unit
In one's sleeping place	Repast		Fashion remini-scent of the past	▼		▼		▼
George ___, English poet and novelist ►	▼							
Floor covering		Contest of speed	Basic knitting stitch		Selleck, actor in 'Magnum PI' ►			
⚑		▼	▼			Mental capacity		Novel
Praise or glorify ►					Be victorious ►	▼		▼
Area where animals graze	Cleft ►							
⚑					Drag behind ►			

96   Wordsearch: Cat Breeds

Can you find all of the listed words hidden in the grid below?
Words run horizontally, vertically or diagonally, in either a forward or
backward direction.

```
S O K O K E N O U W A X Y
P B E T T I A E S N Q T E
H Y B O L T I R N F H A S
Y B B A T O R W B A H R E
N M M A G E E O I A X O N
X O E N C D B J I E T K I
S T A S P E I E R S L N K
N O D L I T S K E G N A N
M A N X L A R N G E X G O
Y E I S D I M L B X V Q T
A P E S K A M E A I L V D
B A J L A D L R S G J D D
M E E J O U N K U E N M N
O S H D N T N W Y B R E J
B H F G E R M A N R E X B
```

ASIAN	MANX	SOKOKE
BENGAL	NEBELUNG	SOMALI
BOMBAY	PIXIE-BOB	SPHYNX
BURMILLA	SELKIRK REX	TABBY
GERMAN REX	SIAMESE	THAI
KORAT	SIBERIAN	TONKINESE

"Life is not a problem
to be solved, but a reality
to be experienced."

Soren Kierkegaard

Codeword

Every letter in this puzzle has been replaced by a number, the number remaining the same for that letter wherever it occurs. Every letter of the alphabet has been used. Substitute numbers for letters to complete the codeword.

It may help to cross off the letters beneath the grid to keep a track of progress, and to use the reference box showing which numbers have been decoded. Three letters have already been entered into the grid, to help you on your way.

26	6	19	25 L	5 O	18 T	■	19	■	23	21	16	19	4	22
5	■	25	■	23	5	24	6	15	■	19	■	23	■	
24	5	9	5	17	15	■	7	■	6	■	21	■	21	
19	■	21	■	3	■	2	6	24	21	25	21	18	15	
25	■	24	■	13	6	24	18	■	19	■	24	■	6	
■	15	5	7	19	■	5	■	9	■	22	5	19	25	19
10	■	■	4	19	12	18	5	5	24	■	24	■	2	
11	3	9	12	19	■	3	■	17	■	21	24	6	10	18
9	■	6	■	24	6	19	12	21	24	7	■	■	15	
25	21	7	23	18	■	25	■	4	■	23	11	2	22	
21	■	21	■	14	■	2	6	4	18	■	19	■	3	
4	5	24	8	11	6	2	18	■	12	■	20	■	6	
■	1	■	11	■	21	■	19	■	19	20	21	6	25	17
■	6	■	21	■	12	6	24	6	14	■	■	2	■	19
11	24	21	18	6	17	■	22	■	25	6	24	18	21	25

A B C D E F G H I J K L M
N O P Q R S T U V W X Y Z

1	2	3	4	5 O	6	7	8	9	10	11	12	13
14	15	16	17	18 T	19	20	21	22	23	24	25 L	26

Sudoku

Place one of the numbers from 1 to 9 into every empty cell so that each row, each column and each 3x3 block contains all the numbers from 1 to 9.

5				7		3	1	
	8	1		9	4	2		
6	9	7	3					
4				6	5			
2	6						8	3
			8	2				4
					1	4	9	7
		3	9	8		5	6	
	7	2		5				8

"No matter what happens in life, be good to people. Being good to people is a wonderful legacy to leave behind."

Taylor Swift

Criss Cross: Spring

The words are provided, but can you fit them all into the grid?

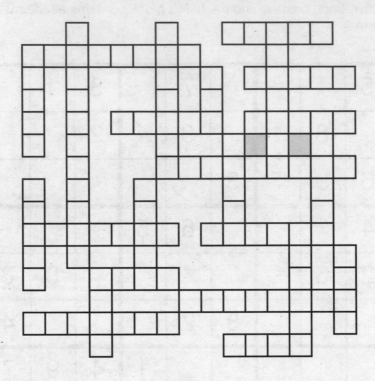

3 letters
MAY

4 letters
BUDS
EGGS
LENT
LILY

5 letters
APRIL
BUNNY
FEVER
FRESH

GREEN
GUSTY
MARCH
NESTS

6 letters
CROCUS
SHOOTS
TULIPS

7 letters
BLOSSOM
RAINBOW

SHOWERS
VERDANT

8 letters
BLUEBELL
CLEANING

9 letters
MIGRATION

11 letters
PUSSY WILLOW

100   Odd One Out

One of these ice creams is different from the others in some way.
Which is the odd one out?

101 Maze

Start at the top and find a path to the middle of the maze.

"It had long since come to my attention that people of accomplishment rarely sat back and let things happen to them. They went out and happened to things."

Leonardo Da Vinci

102 Wordsearch: Just Perfect

Can you find all of the listed words hidden in the grid below?
Words run horizontally, vertically or diagonally, in either a forward or
backward direction.

```
E L B A C C E P M I D J R
T H O R O U G H Y E N E I
E A T G G Y Y F H O M R M
P J S C S I D S M A E U M
P R S E N M I N T O U P A
R O E V Z N Z C R V D G C
E Q L X I J H E E X A E U
C E T F E L U B P V V A L
I S O G E R S K X T I J A
S H P S Y A I E E C T W T
E E S U E I N T A A R F E
B E D P D M L J N X N M T
L R D E C N E I R E P X E
U L A R G L S I S V D E T
I L E B W M S T A E N A G
```

ENTIRE	IMMACULATE	PURE
EXACT	IMPECCABLE	SHEER
EXPERIENCED	MATCHLESS	SINLESS
EXPERT	MINT	SPOTLESS
FINISHED	MODEL	SUPERB
IDEAL	PRECISE	THOROUGH

"I stand only with truth, and my conscience is my only leader."

Suzy Kassem

103   Arroword

Solve the clues, then enter each answer in the direction of the
arrows, one letter per square. When completed, the letters in shaded
squares can be rearranged to form another word.

Procession of people on horseback	▼	Bowl-shaped vessel	▼	Engraving in relief	Collection of facts	▼	Long thick piece of wood used in building	▼
L								
Warning device tripped by smoke (4,5)		Hasty		Unit of electric current	Deceiver		Helicopter propeller	
L		▼		▼	▼		▼	
Girl's name	▶					Bites off very small pieces		Elegant, imposing
Anti-tobacco organisation (inits)	Cramp		Gasps for breath ▶			▼		▼
L	▼		For what reason?	Public violence ▶				
Receptacle used to clean clothes or linen		Daze	▼	Examine	Woman's garment ▶			
L	▼			▼			Ailing	
Eye infection ▶					Be in a horizontal position ▶		▼	
⚑			Aroma ▶					
Flightless Australian bird	Negative word ▶				Artful ▶			

104   Sudoku

Place one of the numbers from 1 to 9 into every empty cell so that each row, each column and each 3x3 block contains all the numbers from 1 to 9.

		9			8		1	5
					5	3		
1	3		2	7			6	
6	5				3		2	9
		4		2		6		
8	2		1				5	7
	7			6	9		4	1
		1	7					
3	8		4			7		

"When you become the image of your own imagination, it's the most powerful thing you could ever do."

Rupaul

105   Codeword

Every letter in this puzzle has been replaced by a number, the number remaining the same for that letter wherever it occurs. Every letter of the alphabet has been used. Substitute numbers for letters to complete the codeword.

It may help to cross off the letters beneath the grid to keep a track of progress, and to use the reference box showing which numbers have been decoded. Three letters have already been entered into the grid, to help you on your way.

6	22	8	20	21	4	11	21	17	■	8	26	5	11	9
22	■	20	■	19	■	5	■	22	■	21	■	4	■	20
8	1	22	23	20	■	9	11	23	9	20	19	22	16	23
7	■	2	■	14	■	22	■	17	■	23	■	23	■	8
20	12	20	21	7	22	16	23	■	4	20	15	20	4	20
4	■	■	16	■	4	■	20	■	20	■	11	■	11	■
22	■	■	10	■	16	24	20	8	20	■	10	■	17	■
11	21	5	10 M	20	23	■	9	■	23	20	3	1	20	6
■	16	■	11 A	■	22	9	22	16	7	■	22	■	■	4
■	10	■	23 N	■	23	■	20	■	4	■	8	■	■	20
19	11	3	9	16	18	■	4	1	13	7	1	10	22	21
20	■	11	■	15	■	21	■	13	■	11	■	11	■	17
11	3	3	4	20	1	20	23	9	■	8	20	23	23	11
15	■	20	■	4	■	9	■	4	■	7	■	22	■	18
20	18	4	20	7	■	20	25	16	23	20	4	11	7	20

A B C D E F G H I J K L M
N O P Q R S T U V W X Y Z

1	2	3	4	5	6	7	8	9	10 M	11 A	12	13
14	15	16	17	18	19	20	21	22	23 N	24	25	26

106   Pyragram

Every clue in this puzzle is an anagram leading to a single-word solution. Correctly solve the anagram on each level of the pyramid and another word will appear, reading down the central column.

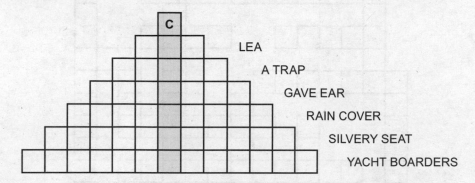

LEA

A TRAP

GAVE EAR

RAIN COVER

SILVERY SEAT

YACHT BOARDERS

107   Word Wheel

How many words of three or more letters can you make from those in the wheel, without using plurals, abbreviations or proper nouns?

The central letter must appear once in every word and no letter in a section of the wheel may be used more than once.

There is at least one nine-letter word in the wheel.

Nine-letter word(s):

_____

108   Criss Cross: Gemstones

The words are provided, but can you fit them all into the grid?

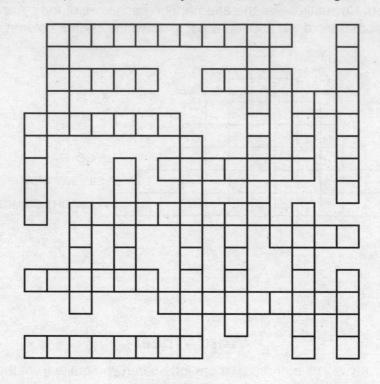

3 letters	**6 letters**	**9 letters**
JET	GARNET	CORNELIAN
	QUARTZ	TSAVOLITE
4 letters	SPHENE	TURQUOISE
JADE		
ONYX	**7 letters**	**10 letters**
OPAL	KUNZITE	BLOODSTONE
RUBY	OLIVINE	
	PERIDOT	**11 letters**
5 letters		ALEXANDRITE
AGATE	**8 letters**	
AMBER	AMETHYST	
PEARL	SAPPHIRE	
TOPAZ		

Can you find all of the listed words hidden in the grid below?
Words run horizontally, vertically or diagonally, in either a forward or backward direction.

B	E	I	S	J	S	R	S	D	L	Y	K	U
W	R	R	E	T	A	T	I	G	A	A	N	P
E	D	U	I	S	X	S	L	J	O	W	N	C
S	N	U	N	F	T	E	J	I	L	S	C	L
A	E	R	I	U	P	T	I	N	C	I	T	E
E	A	T	R	M	E	I	G	N	I	T	E	H
T	V	B	I	L	A	L	D	J	H	T	F	Y
P	R	O	E	T	A	T	I	C	S	U	S	S
I	W	P	M	M	I	O	M	I	L	D	Y	T
B	J	I	U	O	Q	L	O	T	V	C	M	E
Q	K	D	N	K	C	P	L	N	Q	D	O	R
W	D	O	A	D	R	D	D	A	O	G	L	I
O	C	D	Z	G	U	E	I	R	T	Q	Y	C
O	E	A	T	N	T	P	P	F	K	E	S	A
H	G	M	E	M	A	L	F	A	O	E	U	L

AFLAME	HYSTERICAL	PROD
AGITATE	IGNITE	SUSCITATE
DISTURB	IMPEL	SWAY
FIRE	INCITE	TEASE
FRANTIC	MOVE	TITILLATE
GOAD	PERK UP	WIND UP

"Change the way you look at things, and the things you look at change."

Wayne Dyer

Maze

Start at the top and find a path to the middle of the maze.

"Standing or walking, sitting or lying down, during all these waking hours, let him establish mindfulness of good will, which men call the highest state!"

Buddha

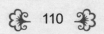

Matching Pairs

Can you identify six matching pairs of butterflies? Matching pairs are identical in every detail.

112   Arroword

Solve the clues, then enter each answer in the direction of the
arrows, one letter per square. When completed, the letters in shaded
squares can be rearranged to form another word.

Chanel, fashion designer	Opaque gem	Gambling place		Temporary police force	Agitate	Wrong		Told fibs
			Raised platform					
Hobby								Come to a halt
Equine animal			Face					
						Stretch		
Cus-tomers	According to the time-piece		Comment	Employed				
				Cut (the lawn, for example)		Compare		Mas-culine
Room access		Insignia						
					Large monkey		Slippery fish	
Famous American battle		Rouse						
				Pare				
Mark of a wound		In an eager way						

113   Sudoku

Place one of the numbers from 1 to 9 into every empty cell so that each row, each column and each 3x3 block contains all the numbers from 1 to 9.

	3	9	5				6	
	1		6		2	4		
			1	4		5	7	
7				6	9			1
8	9						4	7
6			4	7				3
	7	4		3	6			
		5	9		8		2	
	2				4	3	9	

"Pay more attention to compassion and you'll find you're happier. It's that practical and simple."

Dalai Lama

114   Codeword

Every letter in this puzzle has been replaced by a number, the number remaining the same for that letter wherever it occurs. Every letter of the alphabet has been used. Substitute numbers for letters to complete the codeword.

It may help to cross off the letters beneath the grid to keep a track of progress, and to use the reference box showing which numbers have been decoded. Three letters have already been entered into the grid, to help you on your way.

26	19	24	11	8	7	■	21	17	7	4	20	22	7	4
7	■	■	8	■	17	■	5	■	■	23	■	7	■	12
19	14	3	20	16	19	24	16	■	4	10	18	18	8	7
17	■	■	16	■	4	■	19	9	7	■	■	18	■	7
14	7	6	16	■	7 **E**	19 **A**	16 **T**	■	17	7	13	19	24	16
■	8	■	5	■	17	■	5	6	6	■	■	24	■	22
19	22	5	24	11	4	16	■	19	4	16	17	10	14	7
1	■	21	■	24	■	10	24	23	■	10	■	24	■	19
20	24	7	1	20	19	8	■	7	4	13	25	7	19	16
19	■	17	■	■	8	7	16	■	25	■	10	■	11	■
21	7	19	24	20	16	■	25	5	7	■	17	25	7	19
8	■	16	■	■	19	2	7	■	19	■	4	■	■	20
19	16	5	24	7	17	■	5	26	16	17	20	14	7	14
24	■	17	■	15	■	17	■	25	■	16	■	■	10	
7	19	4	16	7	17	8	2	■	7	9	7	22	21	16

A B C D E F G H I J K L M
N O P Q R S T U V W X Y Z

1	2	3	4	5	6	7 **E**	8	9	10	11	12	13
14	15	16 **T**	17	18	19 **A**	20	21	22	23	24	25	26

115   **Wordsearch: Dressmaking**

Can you find all of the listed words hidden in the grid below?
Words run horizontally, vertically or diagonally, in either a forward or
backward direction.

U	N	E	Y	S	Q	A	N	O	T	T	U	B
L	B	S	Y	Q	L	Z	A	F	A	K	D	O
W	E	S	I	T	S	T	A	E	L	P	V	N
H	C	H	A	L	K	G	S	T	R	A	D	M
E	N	J	E	H	K	H	N	E	E	D	L	E
M	L	E	E	H	S	D	D	I	F	N	F	N
M	R	P	N	C	I	G	W	M	W	N	G	F
I	A	O	A	Z	I	N	S	A	S	E	F	A
N	Y	G	F	N	S	I	R	C	X	R	S	D
G	E	A	G	S	H	S	I	H	Y	E	A	E
V	Q	L	Q	S	S	S	L	I	Y	A	C	W
X	O	C	K	K	S	E	F	N	M	A	R	X
S	T	B	V	O	D	R	R	E	L	N	P	N
I	W	R	R	O	T	P	Z	D	I	W	Z	Q
N	O	S	M	H	M	W	A	K	S	M	S	F

BUTTON	HOOKS	PRESSING
CHALK	LACE	REELS
DARTS	MACHINE	SCISSORS
DRESS FORM	MODEL	SEWING
EDGING	NEEDLE	SILK
HEMMING	PLEAT	YARN

"Believe that life is worth living and your belief will help create the fact."

William James

116   Criss Cross: Picnic Hamper

The words are provided, but can you fit them all into the grid?

4 letters
BOWL
BUNS
PATE
WINE

5 letters
APPLE
BREAD
CAKES
FLASK
FORKS
FRUIT

PLATE
SALAD
WATER

6 letters
BANANA
COFFEE
GATEAU
HAMPER
KNIVES
OLIVES
PEPPER
SPOONS

7 letters
NAPKINS

8 letters
LEMONADE
SANDWICH
TOMATOES

9 letters
CORKSCREW

10 letters
MAYONNAISE

Flower Power

Fit the listed words into the grid below, then rearrange the letters in the shaded squares to form another word related to the theme of this book.

3 letters	4 letters		5 letters	
ANY	BEAT	HERO	ANGLE	FORCE
APT	BEET	NEXT	BADGE	LOUSE
BOW	BRAY	REEL	BEIGE	OCEAN
BUT	CHEF	TALK	BEVEL	SEPIA
DEN	EDIT	WANT	BRIEF	SHORT
FEE	FLEA	ZINC	FALSE	TUTOR
HOG				
PAR				

"That's life: starting over, one breath at a time."

Sharon Salzberg

Maze

Start at the top and find a path to the middle of the maze.

"Holding on to anything is like
holding on to your breath.
You will suffocate. The only way
to get anything in the physical
universe is by letting go of it. Let
go, and it will be yours forever."

Deepak Chopra

119   Pyragram

Every clue in this puzzle is an anagram leading to a single-word solution. Correctly solve the anagram on each level of the pyramid and another word will appear, reading down the central column.

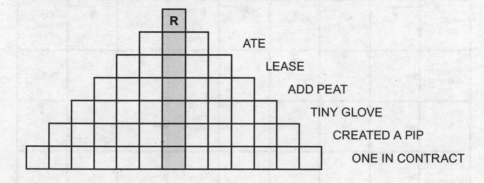

ATE

LEASE

ADD PEAT

TINY GLOVE

CREATED A PIP

ONE IN CONTRACT

120   Word Ladder

Change one letter at a time (but not the position of any letter) to make a new word – and move from the word at the top of the ladder to the word at the bottom using the exact number of rungs provided.

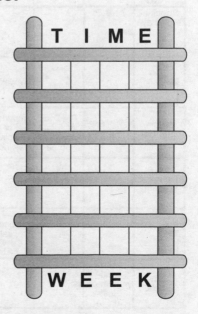

121   Arroword

Solve the clues, then enter each answer in the direction of the arrows, one letter per square. When completed, the letters in shaded squares can be rearranged to form another word.

Adult insect	▼	High, lofty	Excava-tions	▼	Noise made by a snake	Humble	▼	Stony waste matter
Thorough physical examina-tion ▶		▼	▼			▼		Defunct
Bloc ▶					Having negative qualities ▶			▼
Prevents from speaking out ▶					Grow old ▶			
⚑				Expert who studies data	Land-locked republic in north-west Africa		Not either	
Vacations (abbr)	Organic com-ponent of soil		Remedy	▼	▼		▼	
Reddish-brown dye used mostly on hair ▶	▼					Distinctive period of time		___ pole, tribal emblem
⚑			Awake ▶			▼		▼
Partially opened flower		Precious or semi-precious stone	Impudent or insolent rejoinder ▶				Plural of the word 'am'	
Deficient in beauty ▶	▼				Cereal grass ▶		▼	
⚑			Legal capital of Bolivia					
Con-sumption	Annual road-worthiness test (inits) ▶				Border ▶			

122 Wordsearch: I Meant to Do My Work Today

Can you find all of the underlined words from the poem "I Meant to Do My Work Today" by Richard Le Gallienne? Words run forward or backward, in either a horizontal, vertical, or diagonal direction.

```
G E Y E P L G N I L L A C
N A H L U W H A T E A H L
I G W P F B E A A L P L G
S E R P C R I V N S A E N
S M E A N T E R J D I A I
O A N E S S B T D N A L N
T C E W A S A Y T N U W I
D R D R O T E N W U S C H
T O L E A R C S G I B R S
V S A K T I B N G I N B T
T S U R F T N H E R F D D
O T G O O D I B G R I N L
D V H W F N R L O E E R U
A F E Y G Y V V F W L A O
Y O M R F D L E H E D W C
```

I <u>meant</u> to do my <u>work</u> <u>today</u> –

But a <u>brown</u> <u>bird</u> <u>sang</u> in the <u>apple</u> <u>tree</u>,

And a <u>butterfly</u> <u>flitted</u> <u>across</u> the <u>field</u>,

And <u>all</u> the <u>leaves</u> were <u>calling</u> me.

And the <u>wind</u> went <u>sighing</u> <u>over</u> the <u>land</u>,

<u>Tossing</u> the <u>grasses</u> to and <u>fro</u>,

And a <u>rainbow</u> <u>held</u> out its <u>shining</u> <u>hand</u> –

So <u>what</u> <u>could</u> I do but <u>laugh</u> and go?

123   Codeword

Every letter in this puzzle has been replaced by a number, the number remaining the same for that letter wherever it occurs. Every letter of the alphabet has been used. Substitute numbers for letters to complete the codeword.

It may help to cross off the letters beneath the grid to keep a track of progress, and to use the reference box showing which numbers have been decoded. Three letters have already been entered into the grid, to help you on your way.

2		24		2	8 (P)	21 (A)	26 (L)	16	17	4	16	1	4	16
6	19	23	16	5		11		16		10		21		
17		1		5	19	16	20	22	16	1	25	23	1	9
25	19	16	17	17		19		3		19		21		
19		17		14		17	8	16	4	25	21	4	26	16
22		13	2	2	5		21		21		26			26
4	22	16		19		26		17		13	16	19	16	
25		16		16	17	4	21	8	16	3		21		4
23	24	8	17		23		11		23		1	2	25	
11		16		10		16		21	17	12	17		19	
16	1	19	21	8	25	22	19	16		24		14		2
	2		18		23		26		21	11	21	23	26	
3	2	4	22	24	16	1	25	21	19	15		11		15
	17		19		25		1		16	7	16	4	25	
26	16	11	16	26	14	16	21	3	16	3		1		16

A   B   C   D   E   F   G   H   I   J   K   L   M

N   O   P   Q   R   S   T   U   V   W   X   Y   Z

1	2	3	4	5	6	7	8 (P)	9	10	11	12	13
14	15	16	17	18	19	20	21 (A)	22	23	24	25	26 (L)

Sudoku

Place one of the numbers from 1 to 9 into every empty cell so that each row, each column and each 3x3 block contains all the numbers from 1 to 9.

	9			5			1	
	2	8		3		5	7	
1			2		6			8
	1	4	3		2	9	5	
2			9		5			4
	6	5	4		8	2	3	
7			6		4			5
	8	2		9		7	4	
	4			2			6	

"You have brains in your head.
You have feet in your shoes.
You can steer yourself any
direction you choose."

Dr Seuss

125   Criss Cross: Soft Words

The words are provided, but can you fit them all into the grid?

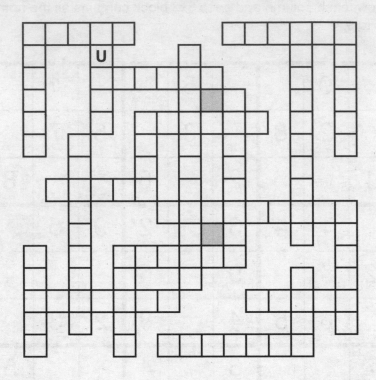

4 letters
KIND
MILD

5 letters
BALMY
BLAND
CUSHY
MISTY
MUSHY
QUIET

6 letters
BUTTER
CLOUDS
DULCET
MELLOW
SILKEN
SMOOTH
TENDER

7 letters
RELAXED
SQUASHY

8 letters
SOAPSUDS

9 letters
LUXURIOUS
MELODIOUS

10 letters
COTTON WOOL

11 letters
MELLIFLUOUS

126

In Place

Place the listed words horizontally into the grid, so that when read from top left to bottom right, the letters in the shaded squares spell out a word linked to the theme of this book. Some letters are already in place.

COMFORT

HORIZON

IMAGINE

ONESELF

SNUGGLE

THOUGHT

WISTFUL

		A				
			E			
	O					
			O			

> "What we are today comes
> from our thoughts of yesterday,
> and present thoughts build
> our life of tomorrow: our life is
> the creation of our mind."
>
> *Buddha*

127

Maze

Start at the top and find a path to the middle of the maze.

"People usually consider walking on water or in thin air a miracle. But I think the real miracle is not to walk either on water or in thin air, but to walk on earth. Every day we are engaged in a miracle which we don't even recognize: a blue sky, white clouds, green leaves, the black, curious eyes of a child—our own two eyes. All is a miracle."

Thich Nhat Hanh

128   Wordsearch: Beekeeping

Can you find all of the listed words hidden in the grid below?
Words run horizontally, vertically or diagonally, in either a forward or
backward direction.

```
D Y L L E J L A Y O R I Y
D N U G W B S E E Q Q H I
K A G A R D E N M S Y I A
I S H U M M I N G A S V E
O X R D I F P N R R R E G
K O Q S E T I M Y D F F Y
A K D E T W A F E C L N P
N L L R X R G G P R O H N
F E A A A I T B J S W O E
D I L R P T A W Q A E D J
M N L L V I C P Y U R O G
L S S D O A A E T O S O E
L E D U T P E R N C G F A
O C B R O O D E Y V E I L
R T R E N R C D L D O C D
```

APIARY	FRAME	MITES
BROOD	GARDEN	NECTAR
DRONE	HIVE	POLLEN
EGGS	HUMMING	ROYAL JELLY
FLOWERS	INSECT	VEIL
FOOD	LARVAE	WINGS

"If my life is going to mean anything, I have to live it myself."

Rick Riordan

129   Arroword

Solve the clues, then enter each answer in the direction of the arrows, one letter per square. When completed, the letters in shaded squares can be rearranged to form another word.

Native of Bangkok, for example	Church instrument		Scottish lake	Relish of chopped pickled cucumbers	Province of Indonesia
Ruffian					
Bow			God of thunder	Large grassy plain	Haemor-rhage
Entertainment venue	Over-whelming feeling of wonder		Conforming to Islamic dietary laws		
African republic, capital Luanda				Popular number puzzle	
Held back	No longer fashion-able	Use water to remove soap			
			At high volume		
Constellation, the Little Bear	Shortened boy's name	Every one	Swab	Over-worked horse	Informer
Capital of Norway			Alias (inits)		
Bark in a high-pitched tone			Intestine		

130 **Sudoku**

Place one of the numbers from 1 to 9 into every empty cell so that
each row, each column and each 3x3 block contains all the numbers
from 1 to 9.

	7		9		3	2		
5				1			9	
	2	1	7		8	4		
7	6				5	3		
		9		8		1		
		8	2				4	9
		5	8		7	9	6	
	3			4				2
		2	6		1		5	

"Joy is what happens to us
when we allow ourselves
to recognize how good
things really are."

Marianne Williamson

131   Codeword

Every letter in this puzzle has been replaced by a number, the number remaining the same for that letter wherever it occurs. Every letter of the alphabet has been used. Substitute numbers for letters to complete the codeword.

It may help to cross off the letters beneath the grid to keep a track of progress, and to use the reference box showing which numbers have been decoded. Three letters have already been entered into the grid, to help you on your way.

17	1	6	6		22	16	9	1	16		9	14	11	9
22			1	26 I	6 T		19 S		5			9		7
12	15	5	18		5	10	19	16	24	19		22		25
12			26		24		10			2	5	6	26	19
		20	7	26	19		19	26	2	17			4	
23	22	19		1		21		25		14	16	1	14	16
1		17		2	17	19	4	19	23			24		19
6	17	5	16	13		26		11		6	14	16	5	25
2		15			19	6	2	14	25	26		14		10
14	12	12	19	25		5		25		14		25	14	19
	15			1	5	11	20		2	5	6	19		
3	22	5	1	15			25		15		9			9
22		25		19	25	25	5	26	5		25	5	26	19
1		1			5		4		6	19	5			5
8	19	5	15		26	22	15	1	9		26	5	2	13

A B C D E F G H I J K L M
N O P Q R S T U V W X Y Z

1 I	2	3	4	5	6 S	7	8	9	10	11	12	13
14	15	16	17	18	19	20	21	22	23	24	25	26 T

Jigsaw

Which four shapes (two black and two white) can be fitted together to form the watering can shown here? The pieces may be rotated, but not flipped over.

A

B

C

D

E

F

G

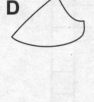
H

I

J

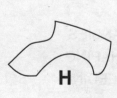
K

L

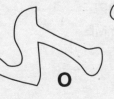
M

N

O

133   Criss Cross: Floral Clock

The words are provided, but can you fit them all into the grid?

4 letters
FLAX
SAGE

5 letters
AGAVE
HANDS
HOURS
SEDUM
SLOPE
THYME

6 letters
EDGING
FORMAL
GRAVEL
IBERIS
SALVIA

7 letters
ALYSSUM
BEDDING
FLOWERS
MODESTO

PANSIES
SHAPING
WEEDING

8 letters
FEVERFEW

9 letters
HOUSE LEEK

12 letters
NIAGARA PARKS

134 Wordsearch: Hiking Gear

Can you find all of the listed words hidden in the grid below?
Words run horizontally, vertically or diagonally, in either a forward or
backward direction.

```
P P K D L T E B L J J B W
S R A L U C O N I B L Q A
F T R C T O N Y R A Q N T
F R X E T I F G N N S I E
X F A S Q O Y K L U K I R
Z W J C O E E S N O C A F
K L H D S T R G S E V Z L
O P L I S E L Y L T T E A
S K C O S A C L U I C I S
T H J E S T P E N A A E H
R A D S W H L D M Z H F L
H T E M O S I E T C W I I
R S A N D L R N T Q Q N G
X P E I J A F A I P S K H
O K S A L F M U U C A V T
```

BINOCULARS	FOOD	SCARF
BLANKET	GLOVES	SOCKS
BOOTS	HAT	SUNGLASSES
CAMERA	KNIFE	VACUUM FLASK
CELL PHONE	MAP	WATER
FLASHLIGHT	MATCHES	WHISTLE

"You don't have to be great
to start, but you have to
start to be great."

Zig Ziglar

135   **Maze**

Start at the top and find a path to the middle of the maze.

"Flow with whatever may happen and let your mind be free: Stay centered by accepting whatever you are doing. This is the ultimate."

Zhuang Zhou

136   Pyragram

Every clue in this puzzle is an anagram leading to a single-word solution. Correctly solve the anagram on each level of the pyramid and another word will appear, reading down the central column.

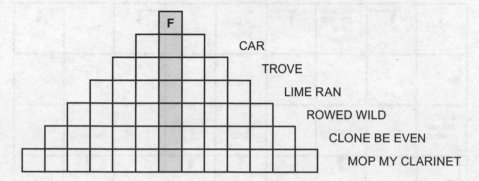

F

CAR

TROVE

LIME RAN

ROWED WILD

CLONE BE EVEN

MOP MY CLARINET

137   Word Wheel

How many words of three or more letters can you make from those in the wheel, without using plurals, abbreviations or proper nouns?

The central letter must appear once in every word and no letter in a section of the wheel may be used more than once.

There is at least one nine-letter word in the wheel.

Nine-letter word(s):

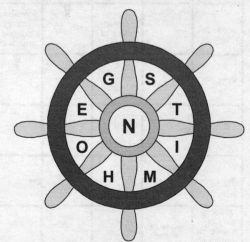

138   Arroword

Solve the clues, then enter each answer in the direction of the arrows, one letter per square. When completed, the letters in shaded squares can be rearranged to form another word.

Decide upon	▼	Projection at the end of a piece of wood	▼	Left-hand page	‗ Espana!	▼	Give up	▼
⌐								
Equine speed contest (5,4)		Harangue		Flightless bird	Hard outer layer of a fruit		Law-breaking	
⌐		▼		▼	▼		▼	
Girl's name ▶						Grotesque		Payment required for not fulfilling a contract
Local time at the 0 meridian (inits)	Made a noise like a cow		Square, not trendy ▶			▼		▼
⌐	▼		Cone-bearing tree	US coin ▶				
Leaves		Com-munist state of Asia	▼	Primitive, mainly aquatic organism	Lair ▶			
⌐		▼		▼			Fluid used for writing	
British nobleman ▶					Anoint or lubricate ▶		▼	
⌐			Cada-verous ▶					
Artificial language, a simplifi-cation of Esperanto	Body of water ▶			Where the sun shines and the stars twinkle!	▶			

Sudoku

Place one of the numbers from 1 to 9 into every empty cell so that each row, each column and each 3x3 block contains all the numbers from 1 to 9.

6	8	4				9	5	1
		1			5	8		
2				1	6			3
		6	1					7
	4		2		8		9	
5					3	4		
4			9	7				5
		2	6			3		
9	6	7				2	8	4

"It's never too late—never too late to start over, never too late to be happy."

Jane Fonda

140   Codeword

Every letter in this puzzle has been replaced by a number, the number remaining the same for that letter wherever it occurs. Every letter of the alphabet has been used. Substitute numbers for letters to complete the codeword.

It may help to cross off the letters beneath the grid to keep a track of progress, and to use the reference box showing which numbers have been decoded. Three letters have already been entered into the grid, to help you on your way.

18	13	17	6	19	■	17	7	17	9	24	8	2	15	17
17	■	25	■	8	■	6	■	22	■	17	■	■	■	6
20	8	17	20	20	17	7	24	8	■	16	15	9	6	19
17	■	2	■	13	■	8	■	26	■	8	■	5	■	8
9	17	2	2	15	8	■	26	5	15	4	4	9	8	22
3	■	■	■	7	■	22	■	17	■	13	■	9	■	■
11	19	8	25	8	■	8	17	11	2	■	22	17	15	2
15	■	20	■	2	■	23	■	8	■	8	■	4	■	11
6	19	13	18	■	14	8	9	9	■	12	13	3	8	20 **R**
■	11	■	4	■	6	■	3	■	12	■	■	■	■	17 **A**
2	11	15	9	8	11	11	13	■	4	5	20	22	8	7 **N**
25	■	6	■	6	■	8	■	4	■	2	■	20	■	24
17	4	17	6	10	■	22	8	13	1	15	22	15	2	8
2	■	■	13	■	9	■	9	■	21	■	9	■	■	2
19	17	6	10	7	8	3	8	22	■	8	6	9	17	11

A B C D E F G H I J K L M

N O P Q R S T U V W X Y Z

1	2	3	4	5	6	7	8	9	10	11	12	13
						N						

14	15	16	17	18	19	20	21	22	23	24	25	26
			A			**R**						

141   Wordsearch: Bodies of Water

Can you find all of the listed words hidden in the grid below?
Words run horizontally, vertically or diagonally, in either a forward or
backward direction.

```
Y D O N B Y A B K L A P U
A T Y G T E L L W V Z J A
B R N L S Z A H T R T E K
N H W D R E I E A T S N H
O N E Z B T A E S A R A K
S R D R E Y J O C L E A A
D B D S A U A C F S A E V
U L E I U I U B O A S R K
H A L H F L R R L H Z D A
Y C L W O T O I T E D O A
O K S M R K M R S J I R V
S S E A T H O L B H I K H
I E A D S N B A S S S E A
G A O C E L E B E S S E A
A E S N A M S A T I S Y A
```

ARAL SEA   IRISH SEA   PALK BAY

BASS SEA   KARA SEA   RED SEA

BEAUFORT SEA   KIEL BAY   SEA OF AZOV

BLACK SEA   KORO SEA   TASMAN SEA

CELEBES SEA   MOLUCCA SEA   WEDDELL SEA

HUDSON BAY   NORTH SEA   WHITE SEA

"Motivation is what gets you started. Habit is what keeps you going."

Jim Ryun

142   Criss Cross: Tea

The words are provided, but can you fit them all into the grid?

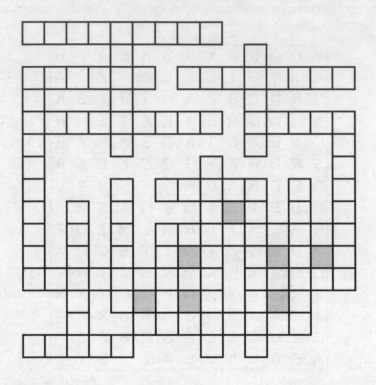

5 letters
ASSAM
CHINA
GREEN
HUNAN
INDIA
JAPAN

6 letters
CEYLON
DOOARS
HERBAL

7 letters
CHUN MEE
RUSSIAN

8 letters
CAMEROON
HAPUTALE
MATURATA
NINGCHOW

9 letters
GUNPOWDER
INDONESIA
MATCHA UJI
RATNAPURA
SPIDER LEG

10 letters
DARJEELING

143   Flower Power

Fit the listed words into the grid below, then rearrange the letters in the shaded squares to form another word related to the theme of this book.

3 letters	4 letters		5 letters	
ART	AMEN	KNIT	AMBER	MEDIA
AWN	BENT	MALT	CAPER	MYRRH
BOO	DEBT	MINX	CHAOS	OFTEN
CUB	FREE	NONE	HALVE	PROXY
DIP	GOAT	RIND	HOUSE	STERN
NUT	JERK	TORN	MARSH	VISTA
SPA				
TON				

"Fear is a natural reaction to moving closer to the truth."

Pema Chodron

Maze

Start at the top and find a path to the middle of the maze.

"When I dare to be powerful—
to use my strength in the
service of my vision, then it
becomes less and less important
whether I am afraid."

Audre Lorde

145   Sudoku

Place one of the numbers from 1 to 9 into every empty cell so that each row, each column and each 3x3 block contains all the numbers from 1 to 9.

	1	2			7			5
4		9	2	3				7
		3			8		9	
		7		8			3	6
	8		7		2		4	
2	9			4		5		
	2		6			1		
5				1	3	6		9
6			9			7	8	

"The more you praise and celebrate your life, the more there is in life to celebrate."

Oprah Winfrey

Arroword

Solve the clues, then enter each answer in the direction of the arrows, one letter per square. When completed, the letters in shaded squares can be rearranged to form another word.

Strong washing solution	▼	Naughtily or annoyingly playful	▼	Item of cutlery	Demesne	▼	Change course	Pigpen
Exclamation of joy or victory ▶		▼			▼		Tubular pasta filled with meat or cheese	▼
▶				Faction ▶			▼	
Office note	Assume or act the character of ▶							
▶				Sharply		Type of cobra		Division of a week
Alike	Shed tears		Bear ▶	▼		▼		▼
Body of water to the east of Finland (5,3) ▶	▼							
Guard to confine falling coals to a hearth		Fiddling Roman emperor	Feat	One of the strands twisted together to make yarn ▶				
▶		▼	▼			Angry		Cashpoint (inits)
Quick look ▶				Extinct flightless bird of New Zealand ▶	▼		▼	
Morose	Dependent ▶							
◣				Darken ▶				

147   Wordsearch: Herbs

Can you find all of the listed words hidden in the grid below? Words run horizontally, vertically or diagonally, in either a forward or backward direction.

```
P E M I L K T H I S T L E
H T U R T S Q Y N E O H W
E N Q R Q N O G A R R A T
P I I B R E P A C C K K A
E M J O O G E T A I E E G
N R O Z P R G R P E A S M
N A M K H G A D R D D I L
Y E T W T W S G R L I N A
R P R D A E U S E D O A B
O S A Y V N R W O L E A N
Y P S I E D W U M R S D O
A M H F G P F E A I R E M
L C A T A E D E L S R E E
O E U C E C H I C O R Y L
S S V G E L I M O M A C K
```

ANISE   CHICORY   PENNYROYAL
BASIL   CHIVES   RUE
BORAGE   FENUGREEK   SAGE
CAMOMILE   LEMON BALM   SORREL
CAPER   MACE   SPEARMINT
CARAWAY   MILK THISTLE   TARRAGON

"At the end of the day,
let there be no excuses,
no explanations, no regrets."

Steve Maraboli

148   Codeword

Every letter in this puzzle has been replaced by a number, the number remaining the same for that letter wherever it occurs. Every letter of the alphabet has been used. Substitute numbers for letters to complete the codeword.

It may help to cross off the letters beneath the grid to keep a track of progress, and to use the reference box showing which numbers have been decoded. Three letters have already been entered into the grid, to help you on your way.

23	21	3	10	15	14	21	9	20	■	8	21	3	9	20
20	■	11	■	2	■	3	■	5	■	12	■	24	■	9
21	17	5	20	2	■	9 T	21 A	5 B	6	20	21	11	■	12
3	■	26	■	11	■	20	■	3	■	14	■	21	■	15
9	2	11	17	4	20	2	19	■	12	20	10	9	15	10
■	■	1	■	9	■	■	1	■	7	■	■	■	21	
3	8	15	13	■	17	21	14	21	13	20	2	15	21	6
14	■	10	■	13	■	7	■	16	■	2	■	14	■	6
25	7	20	2	6	25	25	22	20	1	■	3	20	18	19
8	■	■	■	20	■	8	■	■	23	■	6	■	■	
23	25	2	17	21	6	■	21	3	4	15	2	21	14	9
6	■	21	■	17	■	3	■	20	■	14	■	3	■	12
21	■	5	6	15	14	22	20	2	■	15	14	9	20	2
22	■	5	■	14	■	15	■	7	■	3	■	15	■	20
20	22	15	14	13	■	9	25	25	9	12	21	10	12	20

A B C D E F G H I J K L M
N O P Q R S T U V W X Y Z

1	2	3	4	5 B	6	7	8	9 T	10	11	12	13
14	15	16	17	18	19	20	21 A	22	23	24	25	26

Odd One Out

All of these beachballs have been thrown around a little, but you should still be able to spot which is different from the rest.

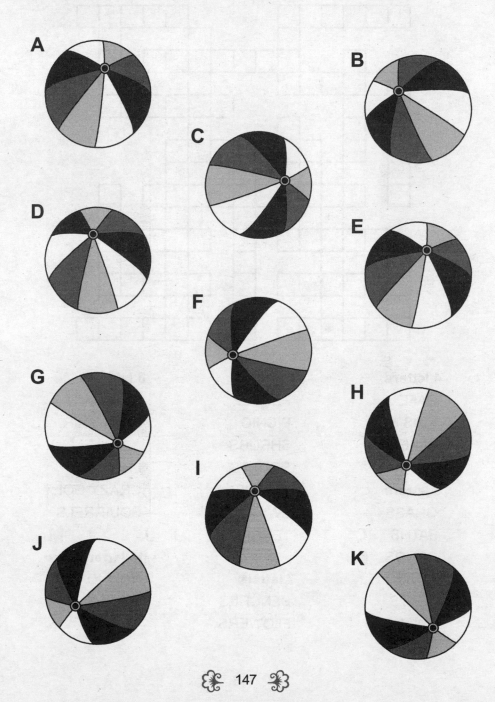

150   Criss Cross: In the Park

The words are provided, but can you fit them all into the grid?

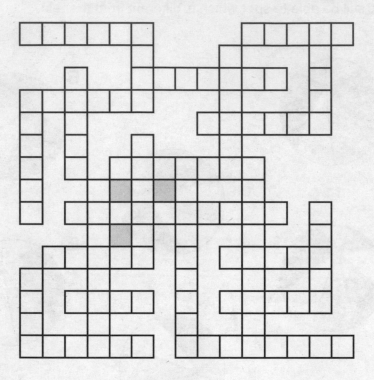

4 letters	**6 letters**	**8 letters**
CAFE	PEOPLE	FOUNTAIN
KIDS	PICNIC	FRESH AIR
LAKE	SHRUBS	
	SPORTS	**9 letters**
5 letters	STATUE	CRAZY GOLF
GRASS	SWINGS	SQUIRRELS
PATHS	TENNIS	
PONDS		**10 letters**
ROSES	**7 letters**	ROUNDABOUT
SEATS	BENCHES	
SWANS	FLOWERS	
TREES		

151   Shadow Play

Which of the shadows is that of the cyclist shown here?

A

B

C

D

E

F

G

152   Maze

Start at the top and find a path to the middle of the maze.

"Real integrity is doing the right thing, knowing that nobody's going to know whether you did it or not."

Oprah Winfrey

153   Wordsearch: Musical Instruments

Can you find all of the listed words hidden in the grid below?
Words run horizontally, vertically or diagonally, in either a forward or
backward direction.

H	W	F	E	V	Y	W	G	O	C	D	N	D
T	E	I	L	Q	C	S	F	U	R	Q	D	L
O	W	S	D	I	E	T	L	O	I	G	B	F
N	V	R	D	M	X	E	H	L	B	T	A	E
N	U	T	I	L	T	C	N	Z	E	O	A	N
M	A	H	F	U	I	D	H	C	T	B	E	R
L	C	T	L	V	E	T	B	D	S	M	E	A
D	E	O	A	G	B	W	M	E	W	Q	A	Q
N	I	L	L	R	N	V	W	A	F	Z	E	J
S	C	S	M	O	E	O	H	O	G	I	L	T
X	H	O	C	B	C	S	G	N	E	K	F	K
S	O	T	I	A	H	C	U	A	N	N	F	G
G	Z	A	S	T	Y	Y	I	I	M	C	I	S
M	S	E	P	I	P	N	A	P	O	F	H	A
T	N	O	Z	E	K	S	R	U	U	T	W	D

BELL	GONG	PAN PIPES
CHIMES	GUITAR	PIANO
CLAVICHORD	LUTE	PICCOLO
DRUM	MOOG	SHAWM
FIDDLE	OBOE	TABOR
FIFE	ORGAN	WHIFFLE

"Do not wait to strike till the iron is hot; but make it hot by striking."

William Butler Yeats

154   Arroword

Solve the clues, then enter each answer in the direction of the arrows, one letter per square. When completed, the letters in shaded squares can be rearranged to form another word.

Part of a church which contains the altar		Check accounts		Container for ashes		Living in		Aviator
Suffering delusions of persecution							
Earth's nearest star			Bathroom fixtures		Burdened		Requires
		Bird of prey's claw				
Crimson	Boy child		Ease up			
Foolish					Herb with leaves valued as salad greens	
Against		Item of dining room furniture	Warhorse			
			Hostelries			
Waxy animal substance used in perfume	Chart		Hour at which something is due (inits)	Decay		Gentle blow	Division of an ocean
High male voice				Reverential salutation		
Vegetable matter used as a fuel				Round vegetable		

155   **Sudoku**

Place one of the numbers from 1 to 9 into every empty cell so that each row, each column and each 3x3 block contains all the numbers from 1 to 9.

					2	9	6	4
8		5	9					3
	9		4	1		7		
6				9		2	1	
7			3		1			6
	5	4		2				9
		1		3	6		4	
4					5	8		2
5	7	2	8					

"You will face many defeats in life, but never let yourself be defeated."

Maya Angelou

156   Codeword

Every letter in this puzzle has been replaced by a number, the number remaining the same for that letter wherever it occurs. Every letter of the alphabet has been used. Substitute numbers for letters to complete the codeword.

It may help to cross off the letters beneath the grid to keep a track of progress, and to use the reference box showing which numbers have been decoded. Three letters have already been entered into the grid, to help you on your way.

7	5	26	1	16	24	■	15	■	18	■	12	7	18	19
9	■	1	■	24	■	4	14	11	26	19	22	■	■	7
9	1	7	23	23	3	24	21	■	15	■	14	1	26	6
14	■	2	■	25	■	11	■	10	14	9	19	■	■	19
19	6	24	25	9	9	14	7	25	■	■	9	24	18	7
■	14	■	■	■	3	■	■	20	25	13	19	■	■	6
16	7	13	5	2	7	1	1	24	11	■	24	11	13	14
■	13	■	11	■	6	■	24	■	26	■	11	■	22	■
9	22	24	24	■	9	25	16	7	17	25	14	24	25	9
8	■	■	12	14	14	3	■	■	25	■	■	6	■	■
6	14	14	23	■	■	24	16	9	14	6	15	7	11	19
26	■	■	14	7	6	11	■	14	■	26	■	16	■	7
11	14	14	20	■	7	■	20	7	26	11	19	26	14	6
2	■	■	2	7 **A**	6 **R**	19 **T**	14	6	■	20	■	20	■	24
14	3	14	14	■	14	■	11	■	7	9	3	14	13	19

A B C D E F G H I J K L M

N O P Q R S T U V W X Y Z

1	2	3	4	5	6 **R**	7 **A**	8	9	10	11	12	13
14	15	16	17	18	19 **T**	20	21	22	23	24	25	26

157   Pyragram

Every clue in this puzzle is an anagram leading to a single-word solution. Correctly solve the anagram on each level of the pyramid and another word will appear, reading down the central column.

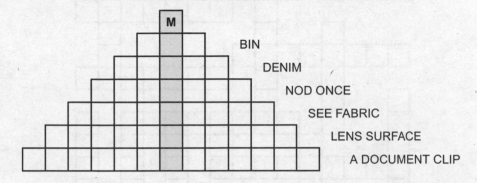

BIN

DENIM

NOD ONCE

SEE FABRIC

LENS SURFACE

A DOCUMENT CLIP

158   Word Ladder

Change one letter at a time (but not the position of any letter) to make a new word – and move from the word at the top of the ladder to the word at the bottom using the exact number of rungs provided.

159   Criss Cross: Warm Words

The words are provided, but can you fit them all into the grid?

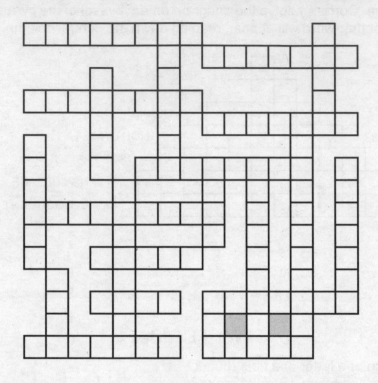

3 letters
GAS

4 letters
COAL
FIRE
OVEN

5 letters
BALMY
COVER
SUNNY
TEPID

6 letters
SULTRY

7 letters
FLUSHED
GLOWING
HEATING
PASSION
RADIATE
SUMMERY

8 letters
FEVERISH
KEROSENE
LUKEWARM
PARAFFIN

9 letters
EIDERDOWN
TEMPERATE

11 letters
ELECTRICITY

160   Wordsearch: Canine Friends

Can you find all of the listed words hidden in the grid below?
Words run horizontally, vertically or diagonally, in either a forward or
backward direction.

R	H	A	I	N	B	Y	F	R	X	T	H	V
H	L	P	T	B	M	C	O	K	X	C	L	I
H	Z	E	Z	L	O	Y	A	L	T	Y	J	L
P	C	T	N	H	C	I	L	I	L	N	E	M
L	W	T	I	N	C	O	B	E	L	E	I	Q
E	A	I	E	H	E	M	L	B	H	N	A	A
H	L	N	S	F	C	K	C	L	I	G	Q	D
W	K	G	W	H	J	O	X	G	A	V	Q	U
D	S	S	E	P	O	E	I	E	P	R	E	T
U	H	S	H	R	O	W	L	I	E	N	D	T
B	S	N	C	I	N	R	I	W	D	V	O	P
T	U	O	H	Y	H	U	E	N	O	Z	N	V
G	R	O	W	L	I	N	G	R	G	B	V	E
G	B	D	X	S	T	I	U	C	S	I	B	O
X	Q	N	C	Z	L	T	R	S	R	Q	E	L

BISCUITS	COMB	LOYALTY
BITCH	FETCH	PETTING
BOWL	GROWLING	SHOWING
BRUSH	HEEL	VET
CHEWS	KENNEL	WALKS
COLLAR	LEAD	WHELP

"You can't stop the waves, but you can learn to surf."

Jon Kabat-Zinn

161   Maze

Start at the top and find a path to the middle of the maze.

"The mind in its natural state
can be compared to the sky,
covered by layers of cloud
which hide its true nature."

Kalu Rinpoche

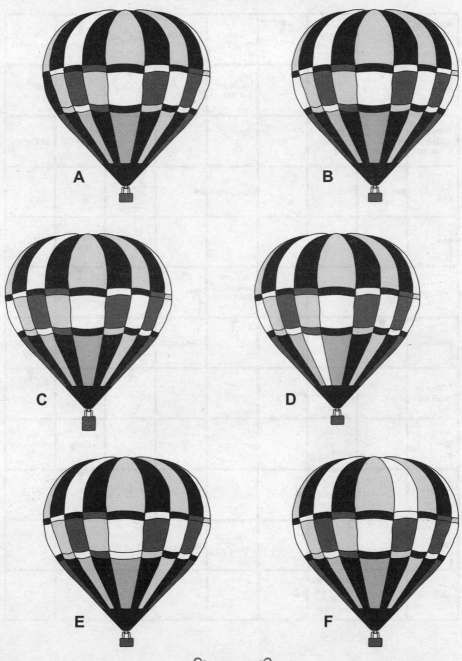

162   Spot the Difference

In each of the pictures below, there is one detail different from the other pictures. Can you spot the one difference in every case?

A

B

C

D

E

F

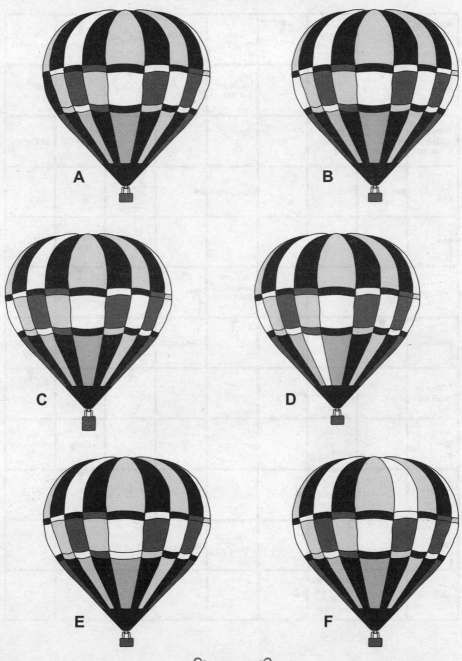

163 Arroword

Solve the clues, then enter each answer in the direction of the arrows, one letter per square. When completed, the letters in shaded squares can be rearranged to form another word.

Magnetic metallic element, symbol Fe	Gown	Sung dramas	▼	Links together	Puts a name to	At liberty	▼	Sharpen (a blade)
◣	▼	▼		Hole for a coin	◣	▼		
Personal belief or judgment ▶								Unhappy
Wager ▶				Departs ▶				▼
◣							Novel, fresh	
People	Line on a weather map		Most recent	Fourth largest of the Great Lakes	◣		▼	
◣	▼		▼	▼	Despatch	Cocktail fruit		In a bashful way
Church passage	Pointers ▶					▼		▼
◣					Fish eggs		Chap	
American raccoon	In a spooky manner ▶				▼		▼	
◣				Egg-shaped ▶				
Overtake	Of textiles, having a rough surface ▶							

164   Sudoku

Place one of the numbers from 1 to 9 into every empty cell so that each row, each column and each 3x3 block contains all the numbers from 1 to 9.

1	7	9				5	8	6
4				6	1			3
		6			8	7		
		1	6					2
	9		4		7		5	
8					3	9		
		4	1			3		
9			5	2				8
5	1	2				4	7	9

"Happiness is your nature.
It is not wrong to desire it.
What is wrong is seeking it
outside when it is inside."

Ramana Maharshi

Codeword

Every letter in this puzzle has been replaced by a number, the number remaining the same for that letter wherever it occurs. Every letter of the alphabet has been used. Substitute numbers for letters to complete the codeword.

It may help to cross off the letters beneath the grid to keep a track of progress, and to use the reference box showing which numbers have been decoded. Three letters have already been entered into the grid, to help you on your way.

11	18	16	10	11	■	26	6	7	13	20	5	18	4	3
10 **T**	■	17	■	9	■	17	■	23	■	23	■	■	■	13
6 **A**	4	13	4	5	1	13	21	11	■	8	13	7	3	18
7 **R**	■	12	■	17	■	5	■	18	■	6	■	21	■	4
22	6	4	20	18	10	■	22	17	18	4	9	18	4	3
13	■	■	■	3	■	12	■	18	■	10	■	4	■	■
6	12	6	11	19	■	6	1	23	4	■	19	13	17	20
7	■	23	■	10	■	17	■	4	■	8	■	21	■	23
20	18	7	10	■	22	17	13	8	■	13	6	11	18	11
■	■	13	■	16	■	16	■	23	■	15	■	■	■	8
20	18	11	8	18	26	17	23	■	25	21	3	3	17	23
18	■	13	■	23	■	13	■	1	■	23	■	7	■	4
24	13	17	10	11	■	12	7	18	11	10	22	6	4	20
13	■	■	■	10	■	23	■	4	■	7	■	2	■	23
10	23	11	10	6	10	7	18	14	■	5	18	23	17	20

A B C D E F G H I J K L M

N O P Q R S T U V W X Y Z

1	2	3	4	5	6	7	8	9	10	11	12	13
					A	**R**			**T**			
14	15	16	17	18	19	20	21	22	23	24	25	26

Jigsaw

Which four shapes (two black and two white) can be fitted together to form the dove shown here? The pieces may be rotated, but not flipped over.

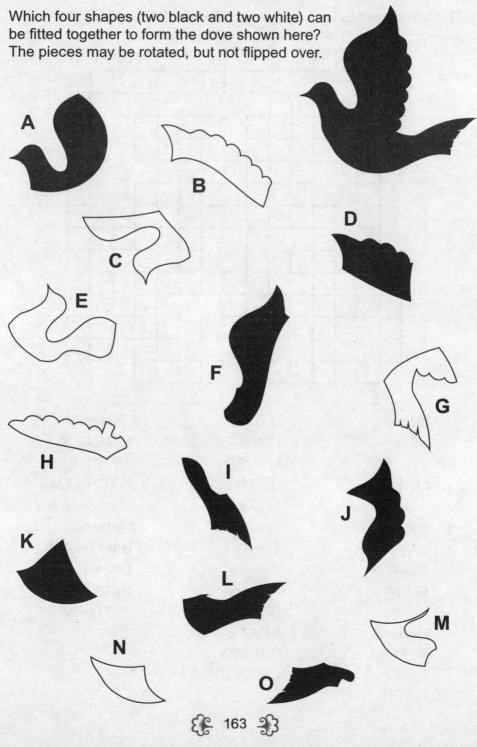

167   Criss Cross: Trees and Shrubs

The words are provided, but can you fit them all into the grid?

3 letters
YEW

4 letters
ACER
BALM
LIME
PEAR
PLUM

5 letters
ASPEN
BALSA
BIRCH

HAZEL
LEMON
MANGO
OSIER
TAXUS
THUJA
TULIP

6 letters
BANANA
BRAZIL
GINKGO
ORANGE

7 letters
HEMLOCK
SPINDLE
WYCH-ELM

8 letters
HAWTHORN
MAHOGANY
SYCAMORE
WISTERIA

Reflections

Which of the designs below is an exact horizontal (left to right) mirror image of the design to the right?

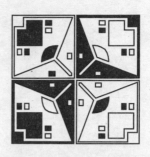

I

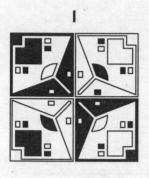

2

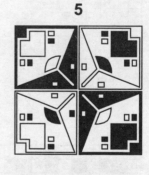

3

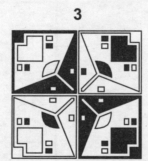

4

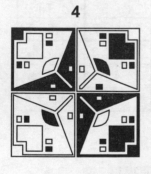

5

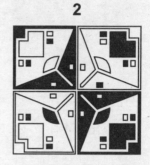

6

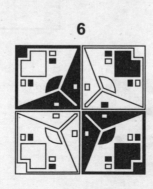

7

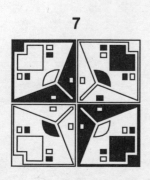

8

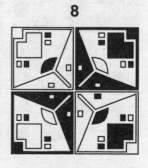

Solutions

1

2

3

	U			H		D		
	G	E	N	E		E	L	F
	L	A	U	R	E	L		L
B	I	R	D			I	C	E
		T	E	N	A	B	L	E
		H		U		E	A	T
D	R	E	A	M	E	R	S	
	O	N	C	E		A	P	T
	T		T	R	O	T		O
P	A	T	I	O		E	G	O
	T		O	U	T	L	E	T
B	E	A	N	S		Y	E	S

Answer: GRATITUDE

4

9	8	5	6	3	4	2	7	1
7	2	3	5	1	8	9	4	6
4	1	6	7	9	2	3	8	5
6	7	8	3	5	1	4	2	9
1	5	4	8	2	9	7	6	3
2	3	9	4	6	7	1	5	8
5	4	7	9	8	3	6	1	2
8	9	1	2	4	6	5	3	7
3	6	2	1	7	5	8	9	4

5

6

F
One of the palm tree leaves is missing.

Solutions

7

```
A P P L E     D A T E     P L U M
  O         K       F           A
  M       P E R S I M M O N     N
P E A C H   E       G     E     G
  G       U   T     E     D     O
L R     C A R A M B O L A       
E A     K     M         A     L
M N     L O G A N B E R R Y     
O T     B     R           C     
N E     B     I   P   K   H     
  M E L O N   O L I V E   
  L   R   D   M   W I     
B I L B E R R Y   E   I   
  M     Y     U G L I     
P E A R             O     
```

8

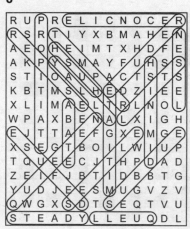

9

10

```
          P
        D E W
      B A R E D
    G R A F T E D
  W A N D E R I N G
A D V A N C E M E N T
B R A I N S T O R M I N G
```

11

The nine-letter word is:
HERBALIST

12

```
  B     D   S
M A G N A T E   G
  B       D I R T Y
P E T R O L E U M
    E       T   N
G R A P H   P E R
  E   A I D E   I
B A L L S   T A D
  D   F   R   F
T S A R   O A T H
    P E T T I E R
O B E Y   E R R S
```

Answer: ENERGY

13

8	3	9	2	6	4	1	5	7
5	4	2	1	3	7	6	9	8
7	1	6	8	9	5	2	4	3
3	2	7	5	1	6	9	8	4
9	6	5	7	4	8	3	2	1
1	8	4	3	2	9	7	6	5
4	5	3	6	7	2	8	1	9
6	7	8	9	5	1	4	3	2
2	9	1	4	8	3	5	7	6

Solutions

14

I	N	E	X	A	C	T	L	Y		J	O	I	S	T
M		M		T		A		O		O		D		H
P	I	A	N	O		S	I	G	N	I	F	Y		U
E		N		M		K		A		N		L		N
L	E	A	K	I	E	S	T		S	T	O	L	I	D
		T		C		U		U				E		E
I	B	I	S		P	A	W	N	B	R	O	K	E	R
N		O		Z		W		D		E		N		E
V	E	N	T	I	L	A	T	O	R		W	O	R	D
I				P		Y		O		W				
S	L	E	E	P	Y		Q	U	I	B	B	L	E	D
I		R		E		T		P		T		E		W
B		A	I	R	S	H	I	P		A	D	D	L	E
L		S		E		E		I		E		G		L
E	M	E	N	D		S	T	R	I	N	G	E	N	T

15

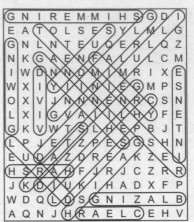

16

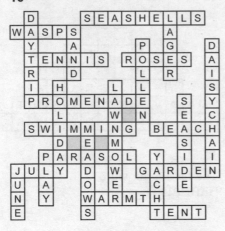

17

Answer: FORGIVENESS

18

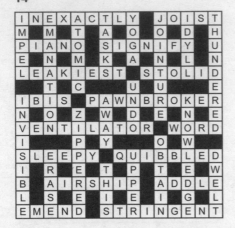

19

1	8	4	5	9	3	2	7	6
5	6	2	1	7	4	8	9	3
9	3	7	2	6	8	5	1	4
2	1	8	7	4	9	3	6	5
7	5	3	6	1	2	4	8	9
6	4	9	8	3	5	1	2	7
4	7	5	9	2	1	6	3	8
8	9	1	3	5	6	7	4	2
3	2	6	4	8	7	9	5	1

Solutions

20

```
  V   S   F   L
P E D I G R E E
  N A G   E N I D
  D I N N E R   R
Y E S   E   I C Y
  T   K W A C H A
A T L A S   H A D
  A   R   M   T
    M A J O R   P
T R I O   P O L E
  I N K Y   L E A
O G E E   W E D S
```

Answer: KINDLINESS

21

22

23

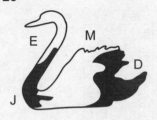

24

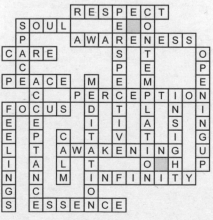

25

26

MILD - mile - mole - more - sore - sort - SOFT
(Other solutions are possible)

Solutions

27

28

29

		H		D		C	
B	O	T	A	N	I	C	A	L
	L	O	U		E		N
	D	E	L	E	T	I	O	N
B	A	D		R		S	E	A
	G		C	A	P	S		K
B	E	L	L			U	S	E
			A	G	R	E	E	D
S	C	O	P	E		N
	L		P	L	A	C	I	D
C	A	R	E		C	O	L	A
	N		D	O	T	T	E	D

Answer: ACCEPTANCE

30

6	5	3	2	7	8	9	4	1
9	7	2	1	4	6	3	5	8
8	4	1	9	5	3	6	7	2
4	9	5	6	1	2	7	8	3
1	3	6	8	9	7	4	2	5
7	2	8	5	3	4	1	9	6
5	6	7	3	8	9	2	1	4
2	1	9	4	6	5	8	3	7
3	8	4	7	2	1	5	6	9

31

Z		R		E	X	H	A	U	S	T	I	B	L	E
E	J	E	C	T		E		U		M		I
S		C		H	A	N	D	I	C	A	P	P	E	D
T	I	T	L	E		C		H		L		G
F		A		R		E	M	P	L	O	Y	E	E	S
U		N	E	E	D		O		I		V		P
L	A	G		A		N		K		P	A	I	R
N		U		L	A	S	S	O	E	D		P		E
E	E	L	S		P		T		O		O	V	A
S		A		P		E		Y	O	U	R		D	S
S	C	R	A	W	L	E	R	S		R		A		S
	H		S		I		O		B	O	T	C	H
C	O	N	S	E	Q	U	E	N	C	E		I		E
	K		E		U		I		L	O	O	S	E
A	E	S	T	H	E	T	I	C	A	L		N		T

32

F

🎕 170 🎕

Solutions

33

34

35

36

37

Answer: PATIENCE

38

5	7	6	9	3	2	8	4	1
3	9	1	4	6	8	7	5	2
2	4	8	7	1	5	3	6	9
9	6	4	2	7	3	1	8	5
7	1	5	6	8	4	9	2	3
8	3	2	5	9	1	6	7	4
6	5	9	3	4	7	2	1	8
1	2	3	8	5	6	4	9	7
4	8	7	1	2	9	5	3	6

Solutions

39

40

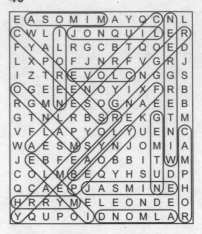

41

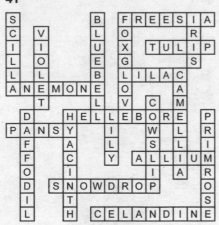

42

Answer: MEDITATION

43

44

E

A rooftop is missing to the left of the tallest tower.

Solutions

45

```
  J     T   P
M O N G R E L   S
  E     U S U R P
D Y S P E P S I A
  U     Y   C
D U M P S   L E G
  S   A U R A   O
C H O R E   G A D
  E   A   S   N
C R A B   T O G A
    S L E E V E S
A P S E   T A L K
```

Answer: CONSCIOUS

46

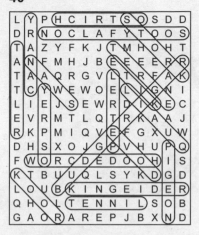

47

```
S U P E R   M A J O R E T T E
E   Y   I   A   A   E     R
B U L L D O Z E R   V I S T A
A   O   D   E   D   E   L   S
C A N V A S   F I X A T I V E
E     N   S   N   L   C
O P T I C   Q U I P   D I S C
U   W   E   U   E   B   N   A
S K I D   H A I R   O U G H T
    T   F   B   E   T     A
S U C C U M B S   P A R S E C
I   H   N   L   W   N   T   L
D O Y E N   I M A G I N A R Y
E     E   N   F   S   I   S
S P O T L I G H T   T H R U M
```

48

1	9	4	8	7	3	5	2	6
5	7	6	1	4	2	3	8	9
8	2	3	5	6	9	7	1	4
6	5	1	3	2	4	9	7	8
7	3	8	6	9	1	4	5	2
2	4	9	7	5	8	1	6	3
4	8	5	2	3	7	6	9	1
3	1	7	9	8	6	2	4	5
9	6	2	4	1	5	8	3	7

49

```
  F E V E R F E W   L I M E
W   A     A     A   U       S
Y   R     G Y P S O P H I L A
C   W     W     P   I   N   X
H   I   C O R M   N   C   I
E   G     R     P   I     F
L       T A R R A G O N   R
M O W E R   U   O   R E   A
    H     B   P   R     G
  W I S T E R I A   P L A N E
S   T     U   E   G   T
O   E     R   T O A D S T O O L
C   F     N     I     A
C U L T I V A T O R       W
K   Y     P     R   A S P E N
```

50

A and J,
B and G,
C and H,
D and I,
E and L,
F and K.

Solutions

51

52

53

```
   M   S       T     J
F  O  R  T  U  N  A  T  E
   I     O        T     S
B  R  O  A  D  C  A  S  T
   E  X  T  O  L     K
      E     S  U  M  U  P
B  I  N        B  A  L  I
   N     N        E  L  M
B  E  S  I  D  E  S     E
   R  A  T  E     T  I  N
E  T  C     B  U  R  N  T
      K  I  T     O  N  O
```

Answer: FOCUS

54

9	2	4	3	1	5	7	6	8
6	1	8	9	7	2	5	4	3
3	5	7	8	4	6	2	9	1
5	3	1	6	2	9	4	8	7
2	7	6	4	8	3	9	1	5
8	4	9	1	5	7	3	2	6
1	8	2	7	3	4	6	5	9
4	9	3	5	6	1	8	7	2
7	6	5	2	9	8	1	3	4

55

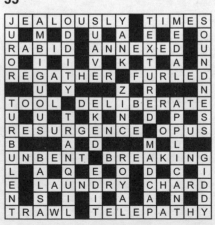

56

Solutions

57

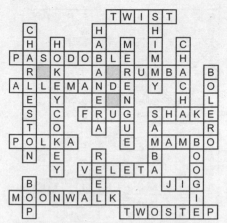

58

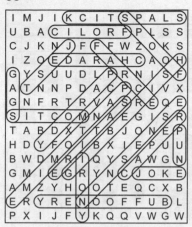

59

60

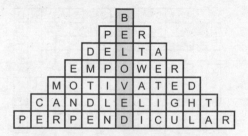

61

The nine-letter words are:
MASTERING and STREAMING

62

	B		T		P		B	
E	C	O	N	O	M	I	C	
T	A	P		I		N		
P	A	R	S	O	N	A	G	E
	G		I	S	L	E	S	
D	O	G	L	E	G		S	
Y			S	T	A	R	E	
B	E	A	D		T	E	E	N
	D		I		S			
S	T	O	P	W	A	T	C	H
	A	R	I	A		R	U	E
	B	E	T	S			Y	E	N

Answer: SERENITY

63

8	6	7	1	5	9	2	3	4
9	4	3	2	8	6	5	1	7
2	5	1	3	4	7	9	8	6
3	2	9	4	7	1	8	6	5
7	1	5	6	2	8	4	9	3
4	8	6	9	3	5	1	7	2
6	7	4	8	9	2	3	5	1
1	3	8	5	6	4	7	2	9
5	9	2	7	1	3	6	4	8

Solutions

64

D	E	P	T	H			P	E	S	T	I	L	E	N	T
E		A		A		I		Y		R					A
P	H	R	E	N	E	T	I	C		R	I	S	E	R	
A		T		D		H		O		U		W		D	
R	O	Y	A	L	S		A	P	O	P	L	E	X	Y	
T				E		D		H		T		E			
I	N	F	E	R		O	K	A	Y		E	P	I	C	
N		E		S		W		N		A		E		U	
G	R	I	P		K	N	O	T		C	A	R	O	B	
		G		Z		L		S		C				B	
K	I	N	K	A	J	O	U		Q	U	A	R	R	Y	
A		E		N		A		A		S		E		H	
R	A	D	I	I		D	E	S	P	E	R	A	D	O	
M				E		E		H		R		V		L	
A	S	S	U	R	E	D	L	Y		S	I	E	V	E	

65

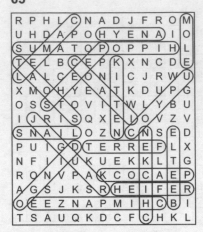

R	P	H	L	C	N	A	D	J	F	R	O	M
U	H	D	A	P	O	H	Y	E	N	A	I	O
S	U	M	A	T	O	P	O	P	P	I	H	L
T	E	L	B	C	E	P	K	X	N	C	D	E
L	A	L	C	E	O	N	I	C	J	R	W	U
X	M	O	H	Y	E	A	T	K	D	U	P	G
O	S	S	T	O	V	I	T	W	L	Y	B	U
I	J	R	I	S	Q	X	E	O	V	Z	V	
S	N	A	I	L	O	Z	N	C	N	S	E	D
P	U	I	G	D	T	E	R	R	E	F	L	X
N	F	I	I	U	K	U	E	K	K	L	T	G
R	O	N	V	P	A	K	C	O	C	A	E	P
A	G	S	J	K	S	R	H	E	I	F	E	R
O	E	E	Z	N	A	P	M	I	H	C	B	I
T	S	A	U	Q	K	D	C	F	C	H	K	L

66

67

Answer: AWARENESS

68

69

H	A	B	I	T	A	T
D	E	V	O	T	E	D
A	N	E	M	O	N	E
C	A	N	D	L	E	S
G	I	R	A	F	F	E
T	A	C	T	F	U	L
J	O	U	R	N	A	L

Solutions

70

```
  P A N W
P R A C T I C E
  O U R   N U T S
  C L E V E R   U
O L D   E   V A N
  A   S A T E E N
L I B E L   D R Y
  M   C   A   Y
    F L I R T   Y
P E R U   T O D O
  L A D Y   L O G
S K Y E   U L N A
```

Answer: ATTENTION

71

```
E Q X Q V H A T C W L N A
B S O A Z J N U P Q G O K
F B I Q W D E E P E N U X
L S P R O L I F E R A T E
A V W Q A F I T I C H T U
R O W E I N E S I A R Y
E N V L L U C P C L I M B
O T M X O L R K L M N P X
U A A M Q X E N L U N U B
T O P N S N A P E A M O A
K A L F I W S Z C D P P L
C H O J F M E C G O I E L
B E P L B N R Q R P T W O
B Z C F B U S E M O O B O
S X H U E K I N G B U N N
```

72

```
W H E L P   M O T H P R O O F
A   X   E   H   E       R
I N T E R C E D E   S E P I A
S   R   V   K   M   E   E   N
T R A V E L   E S O T E R I C
B   R   L   E   A   J
A T O M S   U G L Y   Q U A D
N   R   E   X   V   D   R   A
D I G S   H U G E   E M E R Y
    A   B   R   S   C       L
A M N I O T I C   G E M I N I
P   Z   N   A   W   M   N   G
P L A Y S   N A I L B R U S H
L       A   C   T   E   R   T
E M P T I N E S S   R E E D S
```

73

3	6	1	9	5	8	2	4	7
2	7	9	6	4	3	1	8	5
8	5	4	1	7	2	3	6	9
5	2	8	7	1	6	4	9	3
4	3	6	2	9	5	8	7	1
1	9	7	3	8	4	5	2	6
6	4	2	5	3	9	7	1	8
9	1	5	8	2	7	6	3	4
7	8	3	4	6	1	9	5	2

74

```
M   B A L L S   P O C K E T
W O O L                   N
H   A       L O O P I N G   G
Y A R N S   C     T       A U
I   K       A   D   T       G E
R   E       S T O C K I N G
    T W I S T   U   N       E
M     A   H O B B Y
C A R D I G A N   L       S
H   S       W   T E N S I O N
I   T       L           C
N Y L O N     P   H A N K S
E           U           S
    T U R T L E N E C K
```

75

```
            S
          G U M
        L A B E L
      P R E L U D E
    D O R M I T O R Y
  C O N T E M P L A T E
U N F O R G E T T A B L E
```

76

COIN - corn - core - care - cane -
cant - CENT
(Other solutions are possible)

Solutions

77

78

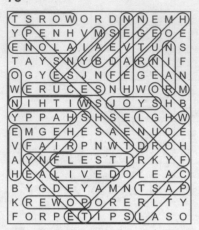

79

	S			G			I	
	H	A	B	I	T	A	T	
	O	P	A	L		A	C	T
	W	R	I	T		R	H	O
K	N	I	T			O		M
		C		H	I	N	G	E
	P	O	W	E	R		E	
H	A	T		A	O	R	T	A
	U			D	N	A		L
	S	T	E	W		T	W	O
L	E	O		A	D	I	E	U
	T	O	Y			O	D	D

Answer: INSPIRATION

80

4	5	6	2	7	8	1	3	9
7	8	3	4	1	9	6	5	2
1	9	2	5	6	3	8	4	7
6	4	8	3	2	5	9	7	1
5	7	9	1	4	6	2	8	3
3	2	1	8	9	7	5	6	4
8	3	4	9	5	1	7	2	6
9	6	5	7	3	2	4	1	8
2	1	7	6	8	4	3	9	5

81

C	R	A	Y	O	N		P	R	O	J	E	C	T	S
R		V		R			I		O		H			M
E	X	E	R	C	I	S	E	S		I	M	A	G	E
E		R		H		O		L		N		N		L
P	L	A	T	E	A	U		E	X	T	I	N	C	T
		G		S		T		E			E			
W	H	E	A	T		H	O	P	E	F	U	L	L	Y
A				R		W		R						E
S	U	B	M	A	R	I	N	E		E	X	I	S	T
		L		D		R		Q		N				
S	E	A	S	I	D	E		R	O	U	T	I	N	E
T		Z		N		A		O		E			T	D
A	L	I	E	N		S	H	R	I	N	K	I	N	G
I		N		E		A		C			A			E
R	E	G	A	R	D	E	D		C	Y	C	L	E	D

82

4

Solutions

83

84

85

86

E

87

Answer: BREATHING

88

8	5	7	3	1	2	4	6	9
6	4	1	9	5	8	2	3	7
3	9	2	4	7	6	5	1	8
4	2	9	7	3	1	6	8	5
5	3	6	8	2	4	7	9	1
7	1	8	5	6	9	3	2	4
1	8	3	6	4	5	9	7	2
9	7	4	2	8	3	1	5	6
2	6	5	1	9	7	8	4	3

Solutions

89

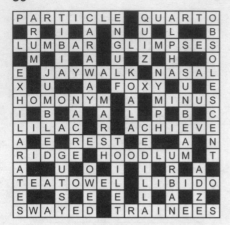

P	A	R	T	I	C	L	E		Q	U	A	R	T	O
	R		I		A		N		U		L			B
L	U	M	B	A	R		G	L	I	M	P	S	E	S
	M		I		A		U		Z		H			O
E		J	A	Y	W	A	L	K		N	A	S	A	L
X		U		A			F	O	X	Y		U		E
H	O	M	O	N	Y	M		A		M	I	N	U	S
I		B		A		A		L		P		B		C
L	I	L	A	C		A	R		A	C	H	I	E	V	E
A		E		R	E	S	T		E		A			N
R	I	D	G	E		H	O	O	D	L	U	M		T
A		U		O		I		I		R		A		
T	E	A	T	O	W	E	L		L	I	B	I	D	O
E		S		E		E		L		A		Z		
S	W	A	Y	E	D		T	R	A	I	N	E	E	S

90

91

92

Answer: WAKEFULNESS

93

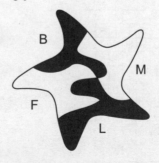

94

B
M
F
L

180

Solutions

95

	S		T			O		
	P	A	R	I	A	H		V
H	Y	D	E		R	I	P	E
		H	A	N	G	O	U	T
A	B	E	D		U		E	
		R		R	E	T	R	O
	M	E	R	E	D	I	T	H
	E		C		T	O	M	
C	A	R	P	E	T		R	
	L	A	U	D		W	I	N
		C	R	E	V	I	C	E
F	I	E	L	D		T	O	W

Answer: MANTRA

96

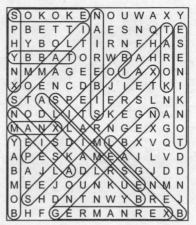

97

Z	E	A	L	O	T		A		H	I	J	A	C	K
O		L			H	O	N	E	Y		A		H	
N	O	B	O	D	Y		G		E		I		I	
A		I		M		S	E	N	I	L	I	T	Y	
L		N		V	E	N	T		A		N		E	
	Y	O	G	A		O		B		K	O	A	L	A
P			C	A	R	T	O	O	N		N		S	
U	M	B	R	A		M		D		I	N	E	P	T
B		E		N	E	A	R	I	N	G				Y
L	I	G	H	T		L		C		H	U	S	K	
I		I		W		S	E	C	T		A		M	
C	O	N	Q	U	E	S	T		R		F		E	
	X		U		I		A		A	F	I	E	L	D
	E		I		R	E	N	E	W		S		A	
U	N	I	T	E	D		K		L	E	N	T	I	L

98

5	2	4	6	7	8	3	1	9
3	8	1	5	9	4	2	7	6
6	9	7	3	1	2	8	4	5
4	3	8	7	6	5	9	2	1
2	6	5	1	4	9	7	8	3
7	1	9	8	2	3	6	5	4
8	5	6	2	3	1	4	9	7
1	4	3	9	8	7	5	6	2
9	7	2	4	5	6	1	3	8

99

Crossword answers include: FEVER, BLUEBELL, GREEN, GUSTY, MARCH, MIGRATION, SHOWERS, SHOOTS, LILY, CLEANING, RAINBOW, BUDS

100

H

The chocolate stick in the top is shorter.

Solutions

101

102

103

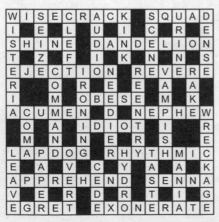

Answer: PURPOSE

104

7	4	9	6	3	8	2	1	5
2	6	8	9	1	5	3	7	4
1	3	5	2	7	4	9	6	8
6	5	7	8	4	3	1	2	9
9	1	4	5	2	7	6	8	3
8	2	3	1	9	6	4	5	7
5	7	2	3	6	9	8	4	1
4	9	1	7	8	2	5	3	6
3	8	6	4	5	1	7	9	2

105

```
W I S E C R A C K   S Q U A D
  I   E   L   U   I   C   R   E
S H I N E   D A N D E L I O N
T   Z   F   I   K   N   N   S
E J E C T I O N   R E V E R E
R   I   O   R   E   A   A   A
I   I   M   O B E S E   M   K
A C U M E N   D   N E P H E W
  O   A   I D I O T   I   R
  M   N   N   E   R   S   E
L A P D O G   R H Y T H M I C
E   A   V   C   Y   A   A   K
A P P R E H E N D   S E N N A
V   E   R   D   R   T   I   G
E G R E T   E X O N E R A T E
```

106

```
        C
      A L E
    A P A R T
  A V E R A G E
C A R N I V O R E
A S S E R T I V E L Y
C A R B O H Y D R A T E S
```

107

The nine-letter word is:
FASCINATE

Solutions

108

109

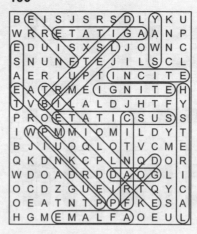

110

111

A and I,
B and J,
C and L,
D and K,
E and H,
F and G.

112

			P				L		
C	O	C	O		D	A	I	S	
	P	A	S	T	I	M	E		
	A	S	S			S	I	D	E
C	L	I	E	N	T	S		N	
		N			U	S	E	D	
D	O	O	R			R		K	
	C		E	M	B	L	E	M	
A	L	A	M	O		I		A	
	O		A	W	A	K	E	N	
S	C	A	R		P	E	E	L	
	K		K	E	E	N	L	Y	

Answer: WISDOM

113

4	3	9	5	8	7	1	6	2
5	1	7	6	9	2	4	3	8
2	8	6	1	4	3	5	7	9
7	4	3	8	6	9	2	5	1
8	9	1	3	2	5	6	4	7
6	5	2	4	7	1	9	8	3
9	7	4	2	3	6	8	1	5
3	6	5	9	1	8	7	2	4
1	2	8	7	5	4	3	9	6

Solutions

114

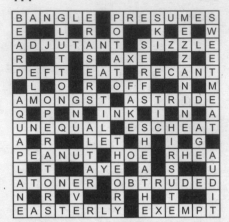

115

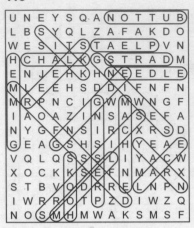

116

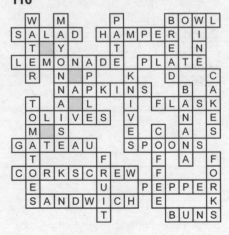

117

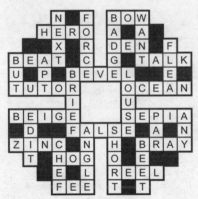

Answer: RESOLUTION

118

119

120

TIME - tile - wile - wild - weld -
weed - WEEK
(Other solutions are possible)

Solutions

121

	I		H		S	
	M	E	D	I	C	A	L
	A	X	I	S		B	A	D
	G	A	G	S		A	G	E
H	O	L	S			S		A
		T		A	M	E	N	D
	H	E	N	N	A		O
B	U	D		A	L	E	R	T
	M			L	I	P		O
	U	G	L	Y		O	A	T
U	S	E		S	U	C	R	E
		M	O	T		H	E	M

Answer: COMPASSION

122

123

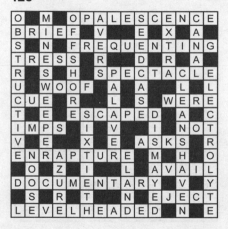

124

3	9	6	8	5	7	4	1	2
4	2	8	1	3	9	5	7	6
1	5	7	2	4	6	3	9	8
8	1	4	3	6	2	9	5	7
2	7	3	9	1	5	6	8	4
9	6	5	4	7	8	2	3	1
7	3	9	6	8	4	1	2	5
6	8	2	5	9	1	7	4	3
5	4	1	7	2	3	8	6	9

125

126

I	M	A	G	I	N	E
O	N	E	S	E	L	F
W	I	S	T	F	U	L
H	O	R	I	Z	O	N
S	N	U	G	G	L	E
T	H	O	U	G	H	T
C	O	M	F	O	R	T

Solutions

127

128

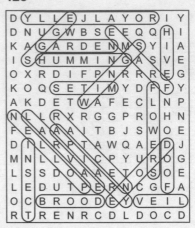

129

	T		L		P		P		
	H	O	O	L	I	G	A	N	
	A	R	C		C		P		
N	I	G	H	T	C	L	U	B	
		A		H	A	L	A	L	
	A	N	G	O	L	A		E	
	W			R	I	N	S	E	
K	E	P	T		L	O	U	D	
		A			L		D		
U	R	S	A	M	I	N	O	R	
	O	S	L	O		A	K	A	
	Y	E	L	P		G	U	T	

Answer: COURAGE

130

4	7	6	9	5	3	2	8	1
5	8	3	4	1	2	6	9	7
9	2	1	7	6	8	4	3	5
7	6	4	1	9	5	3	2	8
2	5	9	3	8	4	1	7	6
3	1	8	2	7	6	5	4	9
1	4	5	8	2	7	9	6	3
6	3	7	5	4	9	8	1	2
8	9	2	6	3	1	7	5	4

131

132

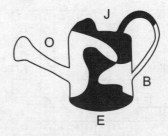

Solutions

133

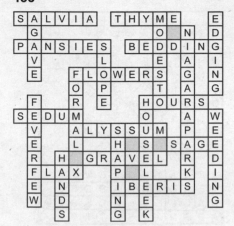

134

135

136

137

The nine-letter word is:
SOMETHING

138

	T		V		V		C
D	E	T	E	R	M	I	N	E
	N		R		V		D
H	O	R	S	E	R	A	C	E
	N	A	O	M	I		R
		N		U	N	H	I	P
G	M	T			D	I	M	E
	O		F		D	E	N
F	O	L	I	A	G	E		A
	E	A	R	L		O	I	L
I	D	O		G	A	U	N	T
		S	E	A		S	K	Y

Answer: STILLNESS

139

6	8	4	3	2	7	9	5	1
3	7	1	4	9	5	8	6	2
2	9	5	8	1	6	7	4	3
8	2	6	1	4	9	5	3	7
7	4	3	2	5	8	1	9	6
5	1	9	7	6	3	4	2	8
4	3	8	9	7	2	6	1	5
1	5	2	6	8	4	3	7	9
9	6	7	5	3	1	2	8	4

Solutions

140

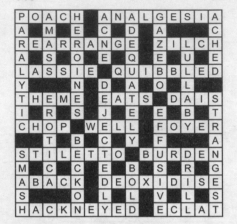

P	O	A	C	H		A	N	A	L	G	E	S	I	A
A		M		E		C		D		A				C
R	E	A	R	R	A	N	G	E		Z	I	L	C	H
A		S		O		E		Q		E		U		E
L	A	S	S	I	E		Q	U	I	B	B	L	E	D
Y			N		D		A		O		L			
T	H	E	M	E		E	A	T	S		D	A	I	S
I		R		S		J		E		E				T
C	H	O	P		W	E	L	L		F	O	Y	E	R
		T		B		C		Y		F				A
S	T	I	L	E	T	T	O		B	U	R	D	E	N
M		C		C		E		B		S		R		G
A	B	A	C	K		D	E	O	X	I	D	I	S	E
S				O				L		L		V		S
H	A	C	K	N	E	Y	E	D		E	C	L	A	T

141

142

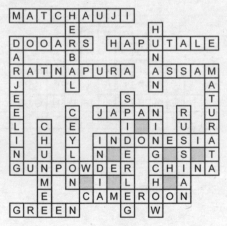

M	A	T	C	H	A	U	J	I
		E					H	
D	O	O	A	R	S		H	A	P	U	T	A	L	E
A			B				U						
R	A	T	N	A	P	U	R	A		A	S	S	A	M
J			L				N					A	
E				C		J	A	P	A	N		R	U
E		C		E		I		I		U		U	
L	C	H		Y		I	N	D	O	N	E	S	I	A
I	H	U		L		N		E		G		T	
N	U	N	P	O	W	D	E	R		C	H	I	N	A
G	M	E		N		R		I		H		A	
	E		C	A	M	E	R	O	O	N			
G	R	E	E	N			G		W				

143

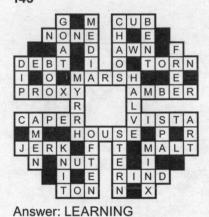

Answer: LEARNING

144

145

8	1	2	4	9	7	3	6	5
4	5	9	2	3	6	8	1	7
7	6	3	1	5	8	4	9	2
1	4	7	5	8	9	2	3	6
3	8	5	7	6	2	9	4	1
2	9	6	3	4	1	5	7	8
9	2	8	6	7	4	1	5	3
5	7	4	8	1	3	6	2	9
6	3	1	9	2	5	7	8	4

Solutions

146

	L		S			V		
	Y	I	P	P	E	E		S
M	E	M	O		S	E	C	T
		P	O	R	T	R	A	Y
A	K	I	N		A	N		
	S		S	T	A	N	D	
	W	H	I	T	E	S	E	A
	E		E		P	L	Y	
F	E	N	D	E	R		L	
	P	E	E	P		M	O	A
	R	E	L	I	A	N	T	
M	O	O	D	Y		D	I	M

Answer: MOTIVATION

147

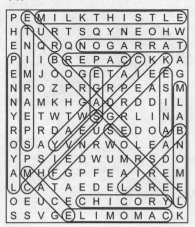

148

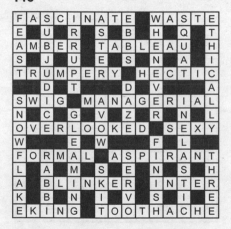

149

D

On all of the other balls the black segments are diametrically opposite white segments.

150

P	I	C	N	I	C			G	R	A	S	S
			A				P		W			
		P		F	L	O	W	E	R	S		
S	T	A	T	U	E		O		A			
H		T			S	P	O	R	T	S		
R		H		T			L					
U		S	B	E	N	C	H	E	S			
B			F		N		R		Q			
S	R	O	U	N	D	A	B	O	U	T		R
	U		I		Z		I			R		O
	P	O	N	D	S		Y		T	R	E	E	S
K		T			Y		G		R		E	
I	L	A	K	E			O	S	E	A	T	S
D		I					L		L			
S	W	I	N	G	S		F	R	E	S	H	A	I	R

151

A

Solutions

152

153
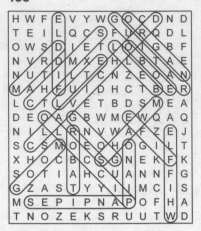

154

	A		U		I		P	
P	A	R	A	N	O	I	D	
S	U	N		H		L		
R	E	D		T	A	L	O	N
	I		A	B	A	T	E	
S	T	U	P	I	D		E	
O			S	T	E	E	D	
A	N	T	I		I	N	N	S
	A			N		D		
A	M	B	E	R	G	R	I	S
A	L	T	O		A	V	E	
P	E	A	T		P	E	A	

Answer: LOVING

155

3	1	7	5	8	2	9	6	4
8	4	5	9	6	7	1	2	3
2	9	6	4	1	3	7	5	8
6	3	8	7	9	4	2	1	5
7	2	9	3	5	1	4	8	6
1	5	4	6	2	8	3	7	9
9	8	1	2	3	6	5	4	7
4	6	3	1	7	5	8	9	2
5	7	2	8	4	9	6	3	1

156

157

158

CITY - pity - pits - pots - tots - tows - TOWN
(Other solutions are possible)

159

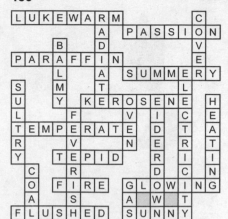

160

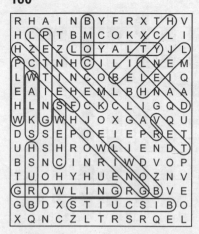

161

162

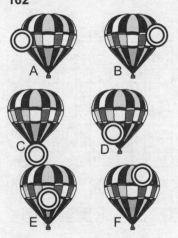

163

Answer: HAPPINESS

164

1	7	9	3	4	2	5	8	6
4	5	8	7	6	1	2	9	3
3	2	6	9	5	8	7	1	4
7	4	1	6	9	5	8	3	2
2	9	3	4	8	7	6	5	1
8	6	5	2	1	3	9	4	7
6	8	4	1	7	9	3	2	5
9	3	7	5	2	4	1	6	8
5	1	2	8	3	6	4	7	9

Solutions

165

```
S I F T S     P A R O D Y I N G
T   L   K   L   E   E       O
A N O N Y M O U S   C O R G I N
R   W   L   Y   I   A   U   N
B A N D I T   B L I N K I N G
O     G   W   I   T   N
A W A S H   A M E N   H O L D
R   E   T   L   N   C   U   E
D I R T   B L O C   O A S I S
    O   F   F   E   Q       C
D I S C I P L E   J U G G L E
I   O   E   O   M   E   R   N
V O L T S   W R I S T B A N D
O   T   E   N   R   Z   E
T E S T A T R I X   Y I E L D
```

166

167

```
H A W T H O R N
A     X         B A N A N A
Z     X   L           C       S
E   T U L I P   O S I E R     P
L     S   M       Y   R       I
  T     H E M L O C K         N
  H     A       A   P         D
  U   W Y C H E L M   E       L
  J   I   O       O R A N G E E
B A L S A   G     R   R     I N
I   T     G A S P E N       N K
R   L E M O N     B         K O
C     R     Y E W   M A N G O O
H     I               L
  B R A Z I L   P L U M
```

168

7